本专著是湖南省自然科学基金科教联合基金资助项目（supported by Hunan Provincial Natural Science Foundation of China）"基于SOLO分类理论的高职混合式教学评价机制研究"（2021JJ60082）的成果。

陈跃华 著

创新与实践：
高校英语教学实施与评价

海峡出版发行集团 | 福建教育出版社

图书在版编目（CIP）数据

创新与实践：高校英语教学实施与评价/陈跃华著.
福州：福建教育出版社，2024.9. —ISBN 978-7-5758-0119-5

Ⅰ．H319.3
中国国家版本馆 CIP 数据核字第 2024DM5325 号

Chuangxin Yu Shijian：Gaoxiao Yingyu Jiaoxue Shishi Yu Pingjia

创新与实践：高校英语教学实施与评价

陈跃华　著

出版发行	福建教育出版社
	（福州市梦山路 27 号　邮编：350025　网址：www.fep.com.cn
	编辑部电话：0591-83727542　83726908
	发行部电话：0591-83721876　87115073　010-62024258）
出 版 人	江金辉
印　　刷	福建东南彩色印刷有限公司
	（福州市金山工业区　邮编：350002）
开　　本	710 毫米×1000 毫米　1/16
印　　张	12
字　　数	207 千字
插　　页	3
版　　次	2024 年 9 月第 1 版　2024 年 9 月第 1 次印刷
书　　号	ISBN 978-7-5758-0119-5
定　　价	32.00 元

如发现本书印装质量问题，请向本社出版科（电话：0591-83726019）调换。

引 言

随着全球化的不断深入，英语作为国际交流的通用语言，其重要性日益凸显。高校英语教学作为培养具备跨文化交际能力的应用型人才的重要环节，面临着前所未有的挑战与机遇。传统的英语教学模式已难以适应时代的发展和学生的多元化需求，因此，英语教学亟待创新与实践。

本研究旨在探讨高校英语教学实施的创新与实践，通过深入分析当前英语教学存在的问题与不足，提出针对性的创新策略和实践方法。我们关注教学方法的更新、教学内容的拓展、教学资源的优化以及教学实践的丰富，以期提升高校英语教学的质量和效果，培养出更多具备国际视野和跨文化交际能力的优秀人才。在后续的章节中，我将详细阐述高校英语教学实施的创新点和实践成果，分享成功的教学案例和经验，为英语教学工作者提供有益的参考和启示。让我们携手共进，推动高校英语教学迈向新的高度。

一、背景介绍：全球化的时代背景与英语教育的关联

全球化，作为 21 世纪最鲜明的时代特征，正以不可阻挡之势深刻影响着世界的每一个角落。随着科技的飞速发展，国与国之间的边界逐渐模糊，经济、文化、教育等领域的交流与合作日益频繁。在这一时代背景下，英语作为国际交流的通用语言，其地位和作用愈发凸显。英语教育也因此成为各国教育体系中的重要组成部分，与国家的国际竞争力、人才培养质量以及社会经济发展紧密相连。

全球化带来了前所未有的信息流通和资源共享，英语作为信息传递的主要媒介，其重要性不言而喻。无论是在国际贸易、科技研发还是文化交流领域，

英语都扮演着举足轻重的角色。因此，对于个人而言，掌握英语意味着拥有更多的发展机会和更广阔的视野；对于国家而言，提升国民的英语水平则是提升国际竞争力、融入全球化进程的关键。

英语教育在全球化背景下也面临着诸多挑战和机遇。一方面，传统的英语教育模式已难以适应时代的需求。过去那种以应试为导向、注重语法和词汇的教学模式已无法满足现代社会对人才英语实际应用能力的要求。另一方面，全球化也为英语教育带来了丰富的教学资源和创新的教学理念。例如，通过互联网和多媒体技术，学生可以接触到更真实、更地道的英语环境，提高听说能力；同时，各种创新的教学方法如项目式学习、翻转课堂等也为学生提供了更多自主学习和实践的机会。

此外，全球化还推动了英语教育与国际接轨的进程。越来越多的国家和地区开始采用国际通用的英语课程标准和评价体系，如国际英语语言测试系统（IELTS）、托福（TOEFL）等。这些标准和体系的引入不仅提高了英语教育的国际化水平，也为学生提供了更多元化的学习路径和更广阔的发展空间。

同时，全球化背景下的英语教育也更加注重培养学生的跨文化交际能力。在多元文化共存的现代社会中，能够尊重和理解不同文化、有效进行跨文化沟通已成为一种必备的能力。因此，在英语教育中融入跨文化教育元素、培养学生的全球意识和跨文化素养已成为一种趋势。

综上所述，全球化时代为英语教育带来了前所未有的发展机遇和挑战。面对这一形势，我们必须深刻认识到英语教育在国家发展和社会进步中的重要作用，积极探索创新的教学理念和方法，努力提升英语教育的质量和水平。只有这样，我们才能培养出更多具备跨文化交际能力的优秀应用型人才，为国家的繁荣富强和民族的伟大复兴贡献力量。

二、本研究的必要性：当前高校英语教学的问题与挑战

随着全球化的加速推进，英语作为国际交流的通用语言，其重要性日益凸显。高校英语教学肩负着培养具备扎实的英语语言基础、良好的跨文化交际能力的应用型人才的重要使命。然而，当前高校英语教学却面临着诸多问题和挑战，亟待研究和解决。

首先，当前高校英语教学存在教学内容与时代脱节的问题。很多高校的英语教学内容仍然停留在传统的语法、词汇和阅读理解上，缺乏与现实生活和工

作紧密相关的实用英语内容。同时，随着科技的快速发展和新兴产业的不断涌现，一些新的英语词汇和表达方式也应运而生，但高校英语教学往往未能及时跟进，导致学生的英语知识与实际需求存在较大的差距。

其次，教学方法单一陈旧也是当前高校英语教学面临的一大问题。很多教师仍然采用传统的填鸭式教学，忽视了学生的主体性和差异性。这种教学方式不仅难以激发学生的学习兴趣和积极性，也不利于培养学生的自主学习能力和创新思维。同时，缺乏实践机会和资源也是制约学生英语应用能力提升的重要因素。

此外，教学资源利用不足也是当前高校英语教学需要关注的问题。虽然现代科技为英语教学提供了丰富的教学资源和手段，如多媒体教学、网络教学等，但很多高校并未能充分利用这些资源，导致教学效果不佳。同时，一些高校由于经费、设备等方面的限制，也难以提供充足的教学资源和实践机会。

最后，教学评价机制不完善也是当前高校英语教学面临的一大挑战。传统的以考试成绩为主的评价方式过于单一，难以全面反映学生的英语水平和综合能力。同时，缺乏对学生学习过程和实际应用能力的评价也导致教学反馈不及时、不准确，不利于教学质量的提升和改进。

针对以上问题和挑战，本研究显得尤为必要和紧迫。通过对当前高校英语教学进行深入剖析和研究，我们可以更准确地把握教学的现状和问题所在，为教学改革和创新提供有力的依据和支持。同时，通过探索创新性的教学方法和实践策略，以有效激发学生的学习兴趣和积极性，培养学生的自主学习能力和创新思维。此外，通过优化教学资源配置和利用方式，为学生提供更丰富、更优质的教学资源和实践机会，促进学生英语应用能力的提升。最后，通过构建科学、全面的教学评价体系，更客观、准确地衡量学生的英语水平和综合能力，为教学改进提供有力的反馈和指导。

因此，本研究对于推动高校英语教学改革和创新、提升教学质量和效果、培养具备国际视野和跨文化交际能力的优秀人才具有重要的现实意义和深远的历史意义。

三、本研究目的：探索英语教学的新模式与实践方法

随着全球化的不断加速和科技的日新月异，英语教学在全球范围内都显得尤为重要。特别是在高等教育中，英语教学不仅是培养学生的语言能力，更是

培养他们具备跨文化交际能力的关键环节。然而，传统的英语教学模式已经难以适应当前复杂多变的社会环境和不断变化的学生需求，因此，探索和实践新的英语教学模式和方法成为了迫在眉睫的任务。

本研究的主要目的就是深入探索英语教学的新模式与实践方法，以应对当前高校英语教学中的问题与挑战，提升学生的英语应用能力和综合素质。希望通过本研究，能够找到一种更加符合时代需求、更加贴近学生实际、更加高效的教学模式，以推动高校英语教学不断迈向新的高度。具体来说，研究目的包括以下几个方面：

首先，全面了解当前高校英语教学的现状和挑战。深入调研和分析明确存在的问题和困难，以及产生这些问题的原因。这将为后续的研究提供有力的依据和支持。

其次，积极借鉴国内外英语教学的最新理论和实践成果，结合我国高校的实际情况，探索适合我国学生的英语教学新模式。这些新模式可能包括混合式教学、翻转课堂、项目式学习等，并根据具体的教学内容和学生特点，选择最合适的教学模式进行实践。

此外，本书将努力探索科学、全面、可操作的英语教学评价体系。这一评价体系将能够真实、客观地反映学生的英语水平和综合能力，为教师和学生提供准确的教学反馈和学习指导。通过评价体系的建立和实施，将能够更好地了解学生的学习情况，及时调整教学策略和方法，提高教学效果。

同时，本研究重视英语教学实践的研究和总结。任何一种新的教学模式都需要经过实践的检验才能够证明其有效性。因此，在实际的教学过程中我们不断尝试、调整和完善新的教学模式，同时也会密切关注学生的学习反馈，以便及时发现问题并进行改进。通过实践研究，我们将不断积累教学经验，为今后的英语教学提供有益的参考。

最后，我希望通过本研究，能够为高校英语教学改革和创新提供有益的参考和启示。只有不断创新和改进，才能够让英语教学更好地服务于学生、服务于社会、服务于国家的发展大局。同时，我也期望通过探索和实践新的英语教学模式和方法，培养更多跨文化交际能力的优秀应用型人才，为国家的经济发展和社会进步贡献力量。

目　录

第一章　高校英语教学的理论框架与实践基础 ···················· 1
- 第一节　高校英语教学的理论基础 ································· 1
- 第二节　高校英语教学的策略 ······································ 17
- 第三节　高校英语教学的实践基础 ································· 38
- 第四节　高校英语教学的资源与技术 ······························ 58

第二章　高校英语教学实施的创新与实践 ·························· 71
- 第一节　创新教学方法 ·· 72
- 第二节　创新教学内容 ·· 97
- 第三节　教学资源与技术创新 ···································· 104

第三章　高校英语教学实施的效果评价 ··························· 114
- 第一节　构建以"学"为中心的高校课堂教学评价指标体系 ········ 115
- 第二节　基于 SOLO 分类理论的高校混合式教学评价研究 ········ 128
- 第三节　高职混合式教学评价问题及策略研究 ··················· 142
- 第四节　以"学"为中心的高职课堂教学诊断研究 ················· 151
- 第五节　课程思政评价研究 ······································ 158
- 第六节　高技能人才职业素养评价研究 ·························· 166

第四章 高校英语教学实施与评价的未来展望 172
第一节 高校英语教学实施与评价的未来发展趋势 172
第二节 高校英语教学实施与评价的改进策略 174
第三节 高校英语教学实施与评价对教育政策与实践的启示 175

结　语 177
附录一　高校英语互动教学现状调查（学生） 179
附录二　高校英语互动教学现状调查（教师） 181
参考文献 184

第一章 高校英语教学的理论框架与实践基础

第一节 高校英语教学的理论基础

英语教学的理论基础涉及多个学科领域,包括语言学、心理学、教育学等。以下是英语教学理论基础的几个主要概述。

语言学基础:语言学是研究语言的本质、结构、功能和演变的科学。英语教学以语言学为基础,关注语言的语音、语法、词汇、语义等方面。语言学理论如结构主义语言学、功能语言学、认知语言学等,为英语教学提供了对语言本质和结构的不同理解,从而指导教学方法和材料的选择。

心理学基础:心理学是研究心理过程和行为的科学。英语教学心理学主要关注学习者的认知过程、学习动机、学习策略等。例如,认知心理学理论强调知识的表征、加工和存储过程,对英语教学中的听、说、读、写技能的培养有重要影响。此外,动机理论和学习策略理论也为激发学习者兴趣和促进自主学习提供了心理学依据。

教育学基础:教育学是研究教育现象、揭示教育规律的科学。英语教学以教育学为基础,关注教学目的、教学内容、教学方法和评价等方面。教育学理论如行为主义、认知主义、建构主义等,为英语教学提供了不同的教学观和学习观。例如,建构主义理论强调学习者的主动性和建构性,提倡以学生为中心的教学方法和合作学习。

第二语言习得理论:第二语言习得研究学习者如何学习和掌握第二语言的

过程和规律。该领域的理论如监控理论、输入假说、输出假说等，为英语教学提供了关于语言学习的本质和条件的深入理解。这些理论强调了语言输入、输出、互动和认知等因素在第二语言习得中的重要性。

总之，英语教学的这些理论为英语教学提供了全面的指导和支持，帮助教师更好地理解语言学习的本质和条件，制定有效的教学方法和策略，促进学习者的英语能力发展。

一、行为主义理论

行为主义理论，也被称为行为心理学，是由美国心理学家华生在巴甫洛夫条件反射学说的基础上创立的心理学理论。它主张心理学应该摒弃意识、意象等太多主观的东西，只研究所观察到的并能客观地加以测量的刺激和反应。行为主义者认为，行为是通过对环境的刺激做出的反应而获得的，这些反应可以通过学习来更改、增加或消除。行为主义学习理论是一种运用行为主义的理论和方法研究学习的心理学流派，它强调环境刺激与行为反应之间的规律性关系，并认为查明这种关系就能预测并控制动物和人的行为。

1. 行为主义理论的发展历程

早期行为主义，也被称为经典行为主义，其代表人物是美国的约翰·华生（John B. Watson）。华生于1913年提出了行为主义理论，并强调心理学应该研究可观察可测量的行为，而不是意识经验。他认为，个体的行为是由外在刺激和反应之间的联结所决定的，这种联结可以通过条件反射来建立。华生的行为主义观点很快在心理学界产生了广泛的影响。新行为主义，也被称为现代行为主义，其代表人物包括托尔曼（Edward C. Tolman）和斯金纳（Burrhus Frederic Skinner）。新行为主义在经典行为主义的基础上进行了改进和发展，强调"刺激"和"反应"之间的中介变量，即认知过程在行为形成中的作用。新行为主义还允许在经验事实的基础上对行为的内因做出推测，并以操作主义的观点来解释中介变量。新的新行为主义，也被称为社会学习理论，其代表人物是班杜拉（Albert Bandura）。班杜拉认为，个体的行为不仅受到外在刺激和反应的影响，还受到社会因素和自我认知的影响。他强调认知、思维等心理因素在行为调节中的作用，认为这些过程是一种积极主动的过程，而不是被动的反应。新的新行为主义重视观察学习、模仿学习以及自我效能等因素在行为形成中的作用。

总的来说，行为主义理论的发展历程是一个不断发展和完善的过程，从最初的强调外在刺激和反应的联结，到后来的强调认知过程和社会因素在行为形成中的作用，逐渐形成了更加全面和深入的理论体系。这些理论不仅为心理学研究提供了重要的视角和方法，也为教育实践提供了有益的指导和启示。

2. 行为主义学习理论在英语教学中的优势

行为主义学习理论，作为心理学领域的一大流派，对英语教学产生了深远的影响。其核心观念在于学习是通过刺激与反应之间的联系来建立的，并强调环境和学习者的行为在塑造学习成果中的重要性。以下将详细探讨行为主义学习理论在英语教学中的优势。

（1）明确性与可操作性

行为主义学习理论为英语教学提供了明确和可观察的学习目标。在行为主义的框架下，教学目标往往被细化为一系列具体的、可测量的行为。例如，学生可以通过模仿和练习来达到流利的口语表达，或者通过大量的阅读和写作练习来提高语法和词汇的掌握。这种明确性使得教师和学生都能清楚地知道学习的方向和目标，从而更加有针对性地进行教学和学习。

（2）强化与激励

行为主义学习理论强调正强化和负强化在学习中的作用。在英语教学中，教师可以通过赞扬、奖励等方式来强化学生的正确行为，增强他们的学习动力和自信心。同时，对于错误或不当的行为，教师可以通过适当的纠正和引导来帮助学生改正。这种强化机制有助于学生在英语学习中形成正确的语言习惯，提高学习效果。

（3）模仿与实践

行为主义学习理论认为模仿和实践是学习的有效手段。在英语教学中，教师可以利用这一原理，让学生通过模仿英语母语者的发音、语调和语速来练习口语。同时，教师还可以设计各种实践活动，如角色扮演、情景对话等，让学生在模拟的英语环境中进行实践。这种模仿和实践相结合的方式有助于学生更加深入地理解语言在实际场景中的应用，提高他们的语言运用能力。

（4）个性化教学

行为主义学习理论还强调根据学生的个体差异和需求进行个性化教学。在英语教学中，每个学生的学习速度、学习风格和学习兴趣都可能不同。因此，教师可以根据学生的实际情况制定个性化的教学计划和教学策略，以满足他们的不同需求。这种个性化教学的方式有助于激发学生的学习兴趣和积极性，提高他们的学习效率和效果。

（5）错误纠正与反馈

行为主义学习理论重视错误纠正和反馈在学习过程中的作用。在英语教学中，教师可以通过及时的错误纠正和反馈来帮助学生发现并改正语言错误。这种及时的反馈有助于学生更加清晰地了解自己的语言水平和需要改进的地方，从而更加有针对性地进行学习。同时，教师的反馈还可以为学生提供宝贵的建议和指导，帮助他们更加高效地学习英语。

综上所述，行为主义学习理论在英语教学中具有诸多优势。它提供了明确和可观察的学习目标、强调强化与激励在学习中的作用、倡导模仿与实践相结合的学习方式、支持个性化教学以及重视错误纠正与反馈在学习过程中的作用。这些优势使得行为主义学习理论在英语教学中得到了广泛的应用和认可，为提高学生的英语学习效果和质量提供了有益的指导和启示。

3. 行为主义在高职英语口语教学中的应用

（1）强调刺激与反应的实践关系

行为主义学习理论在高职英语口语教学中注重外部因素和实践对口语学习的重要性。它认为刺激和反应是一种互动的实践关系，因此，教师在口语课堂上会设计各种教学活动，如角色扮演、对话练习等，以提供足够的语言刺激，并鼓励学生对这些刺激作出反应，用英语进行实际交流。

（2）模仿与强化的练习方法

行为主义理论在高职英语口语教学中通常采用"模仿—强化—重复—成形"的练习方法。在这一过程中，教师首先会进行示范，展示正确的发音、语调、词汇和语法等，然后要求学生进行模仿。通过不断地重复和强化练习，学生可以逐渐掌握正确的口语表达方式，并形成良好的语言习惯。

（3）注重实际情境的模拟

行为主义学习理论强调语言学习环境的重要性。在高职英语口语教学中，教师会尽可能为学生创造一个真实的语言学习环境，如模拟商务场景、日常生活场景等。通过在这些模拟情境中进行口语练习，学生可以更好地理解和运用英语，提高他们在实际工作中的语言运用能力。

（4）奖励机制的应用

行为主义学习理论重视奖励在学习过程中的作用。在高职英语口语教学中，教师可以建立一种奖励机制，对学生在口语练习中的正确行为进行奖励。这种奖励可以增强学生的自信心和学习动力，促进他们更加积极地参与口语练习。

4. 行为主义在英语教学中的运用实例——"点餐"

（1）角色扮演与模拟情境

教师将学生分成若干小组，每组包括一个"服务员"和一到两个"顾客"。教师设定一个模拟的餐厅环境，描述餐厅的装饰、氛围以及菜单上的特色菜品。"服务员"需要熟悉菜单，并准备好向"顾客"介绍菜品。

（2）模仿与练习

"服务员"首先用英语向"顾客"问候："Good evening, welcome to our restaurant. What can I do for you?""顾客"可以模仿真实的餐厅体验，询问关于某些菜品的问题："Could you please recommend a signature dish?"或"I'm a vegetarian. Do you have any vegetarian-friendly options?""服务员"需要耐心回答，并尝试推销某些特色菜品："Absolutely, our grilled salmon with lemon butter sauce is a customer favorite. Would you be interested in trying that?"或"For vegetarians, we have a delicious garden pasta with tomato and basil sauce.""顾客"可以继续询问关于菜品的具体信息："What kind of side dishes do you offer?"或"Is the salmon served with mashed potatoes or fries?""服务员"提供详细信息："We serve the salmon with either mashed potatoes or a side of seasonal vegetables. Which one would you prefer?""顾客"做出选择并确认订单："I'll have the grilled salmon with mashed potatoes and a glass of white wine, please."

（3）奖励机制

在角色扮演结束后，教师和其他小组可以对"服务员"和"顾客"的表现进行评价。

评价标准可以包括发音准确性、词汇使用、流利度以及交际技巧等。表现优秀的小组可以获得小奖品或积分，以鼓励他们在下次的练习中继续努力。

（4）错误纠正与反馈

在角色扮演过程中，教师要注意学生的语言错误，并在合适的时机进行纠正。纠正时要注重方式方法，避免打击学生的积极性。在角色扮演结束后，教师可以总结常见的错误，并给出正确的示范和解释。

（5）总结与反思

教师引导学生分享他们在角色扮演中的体验和感受，以及他们在哪些方面做得好，哪些方面需要改进。教师总结本次口语练习的重点和难点，以及学生在练习中的表现。学生可以在模仿和练习中使用这些表达，提高他们的口语流利度和准确性。同时，奖励机制、错误纠正与反馈以及总结与反思环节仍然发挥着重要作用，帮助学生在实践中提高英语能力。

然而，也需要注意到行为主义学习理论的局限性，如忽视认知过程和情感因素等。因此，在高职英语口语教学中，教师还需要综合考虑其他教学方法和策略，如认知主义、建构主义等，以更全面地提高学生的英语口语能力。

二、认知主义理论

认知主义理论是一种学习理论，它强调个体在学习过程中，通过内部的认知过程来理解和掌握知识。与行为主义理论不同，认知主义理论认为学习不仅仅是对环境刺激的反应，而且是个体主动对信息进行加工、存储和应用的过程。

认知主义理论的核心观点是，学习是个体内部心理过程的结果，这些过程包括感知、注意、记忆、思维、语言等。它强调学习者通过认知过程，将各种资料加以储存和组织，形成知识结构。认知主义学者认为，学习不仅仅是简单的刺激—反应联结，而是涉及学习者内部的认知结构和信息加工过程。

1. 认知主义理论的发展历程

认知主义理论的发展历程可以追溯到20世纪中叶的行为主义理论。行为主义理论认为人类的学习和行为是由外部刺激引起的，但这种理论并不能完全解释人类的认知过程。到了20世纪60年代，认知心理学家开始研究人类的思维过程和信息加工方式，从而催生了认知主义理论。认知主义理论强调学习者通过认知过程（cognitive process）把各种资料加以储存和组织，形成知识结构（cognitive structure）。认知主义源于格式塔心理学派，这个学派认为学习是人们通过感觉、知觉得到的，是由人脑主体的主观组织作用而实现的，并提出学习是依靠顿悟，而不是依靠尝试与错误来实现的观点。关于学习的心理现象，该理论否定了刺激（S）与反应（R）的联系是直接的、机械的。

认知主义理论的代表人物包括皮亚杰、布鲁纳、奥苏贝尔、托尔曼和加涅等，他们对认知主义理论的发展和应用作出了重要贡献。例如，乔治·米勒（George Miller）是认知心理学的先驱之一，他提出了"短期记忆能力"的概念，为认知主义理论在记忆研究方面提供了重要的理论基础。

认知主义理论强调认知过程的重要性，认为学习是通过内部心理过程实现的，而不是仅仅通过外部刺激和反应之间的联系来实现的。它认为人类的思维活动是基于知识的，人类通过对外部世界的观察和经验的积累，形成了自己的认知结构，这种认知结构又影响了人类的思维和行为。

2. 认知主义学习理论在英语教学中的优势

（1）重视学生的主动性

认知主义学习理论强调学生在学习过程中的中心地位，鼓励他们主动探索、发现和学习新知识。在英语教学环境中，这意味着教师需要设计互动性强、激发学生好奇心的教学活动。例如，通过小组讨论、角色扮演或项目式学习，学生可以积极参与并主动构建自己的英语知识体系。这种方法不仅提高了学生的学习兴趣和动力，还培养了他们的自主学习能力。

（2）关注学生的认知过程

认知主义认为学习是一个复杂的认知过程，涉及信息的接收、处理、存储和提取。在英语教学中，教师不仅关注学生的学习成果，还深入了解他们的学习过程。例如，通过观察学生如何解决问题、记忆单词或理解文本，教师可以发现学生的学习策略和思维模式，从而提供更具针对性的教学支持。这种关注过程的教学方法有助于及时发现学生的学习困难并进行有效的干预。

（3）强调知识的系统性

认知主义学习理论鼓励学生在新旧知识之间建立联系，形成一个相互关联的知识网络。在英语教学中，这意味着教师需要帮助学生将新学的词汇、语法规则或文化知识与已有的知识体系相结合。例如，通过归纳、比较和分类等教学方法，学生可以更好地理解英语知识之间的内在联系，从而提高他们的综合语言运用能力。

（4）适应学生的个体差异

认知主义学习理论承认每个学生都有独特的学习方式和速度。在英语教学中，这要求教师采用差异化教学策略，满足不同学生的需求。例如，对于视觉学习者，教师可以提供丰富的图表和图片；对于听觉学习者，则可以录制讲解视频或音频。通过个性化的教学方案，教师可以确保每个学生都能在英语学习过程中取得进步。

（5）促进学生的思维发展

认知主义学习理论不仅关注知识的获取，还强调思维能力的培养。在英语教学中，教师可以通过设计具有挑战性的问题或任务来激发学生的高阶思维。例如，通过分析英文文本中的隐含意义、评价不同文化背景下的观点或解决复杂的语言交际问题，学生可以锻炼自己的批判性思维、创造性思维和解决问题的能力。这些思维技能对于他们在学术和职业领域的未来发展至关重要。

综上所述，认知主义学习理论在英语教学中的优势体现在重视学生的主动性、关注学生的认知过程、强调知识的系统性、适应学生的个体差异以及促进学生的思维发展等方面。这些优势共同作用，将有助于提高学生的英语学习效果和质量，培养他们的综合素质和未来发展潜力。

3. 认知主义学习理论在英语教学中的应用

在英语教学中，认知主义学习理论的应用实例丰富多样，旨在激活学生的主动性、加深他们对语言知识的理解，并培养他们的综合语言运用能力。以下是一些具体的应用实例：

（1）概念图与思维导图

应用方式：教师可以引导学生使用概念图或思维导图来整理和连接新学的英语知识。例如，在学习一个新的语法结构时，学生可以创建一个思维导图，将语法规则作为中心节点，然后将相关的例句、练习和应用场景作为分支节点。

效果：这种方法帮助学生系统地组织知识，增强新旧知识之间的联系，促进理解和记忆。

（2）项目式学习

应用方式：教师设计一个与现实生活相关的英语项目，如"我的异国文化体验"或"环保英语宣传册"。学生需要运用所学的英语知识，包括词汇、语法和语言表达，来完成这个项目。

效果：项目式学习激发了学生的创造性和主动性，使他们在真实语境中运用英语，加深对语言的理解。

（3）批判性阅读

应用方式：教师提供一篇有深度的英文文章，并引导学生进行批判性阅读。学生需要分析文章的结构、语言特点、作者观点，并提出自己的见解。

效果：通过批判性阅读，学生不仅提高了语言理解能力，还培养了批判性思维和表达能力。

（4）语言实验室与多媒体资源

应用方式：利用语言实验室和多媒体资源，如语音识别软件、在线互动游戏和模拟对话场景，为学生提供多种语言学习途径。

效果：这些技术工具增强了英语学习的趣味性和互动性，使学生能够通过多种感官来学习和运用语言。

（5）合作学习与小组讨论

应用方式：教师将学生分成若干小组，让他们围绕一个主题或问题进行讨论和合作。学生需要相互交流、分享观点，并共同完成一项任务。

效果：合作学习促进了学生之间的互动和合作，培养了他们的团队精神和沟通能力，同时也加深了对英语知识的理解和运用。

这些课堂学习活动都体现了认知主义学习理论的核心原则，即强调学生的主动性、关注学习过程、促进知识的系统性和培养学生的思维能力。通过这些活动，学生不仅能够获得语言知识，还能够提高他们的语言技能和综合素质。

4. 思维导图在英语教学中的应用实例——天气

本思维导图旨在帮助学生从学习天气相关的英文表达出发，逐步引导他们思考天气变化的原因，特别是人为因素对环境的影响，并激发他们保护环境的意识。

（1）思维导图结构：

中心主题：Weather and Environmental Protection（天气与环境保护）

第一级分支：

Weather Types（天气类型）

Causes of Weather Changes（天气变化的原因）

Importance of Environmental Protection（环境保护的重要性）

第二级分支：

Weather Types：Sunny/Rainy/Snowy/Windy...（其他天气类型）

Causes of Weather Changes：

Natural Factors（自然因素）：Solar Radiation/Volcanic Activity...

Anthropogenic Factors（人为因素）：Industrial Emissions（工业排放）/Carbon Dioxide/Sulfur Dioxide/Deforestation（森林砍伐）/Urbanization（城市化）...

Importance of Environmental Protection：Sustainable Development（可持续发展）/Biodiversity Conservation（生物多样性保护）/Human Health（人类健康）

（2）教学应用：

①介绍阶段

首先，教师可以介绍思维导图的中心主题，即"Weather and Environmental Protection"。然后，引导学生一起讨论和列出与天气相关的词汇和短语。

②构建阶段

接着，教师可以引导学生一起构建思维导图的第二级和第三级分支。对于每个分支，教师可以提供相关的词汇和短语，并解释其含义和用法。例如，在"Industrial Emissions"分支下，教师可以介绍相关的工业排放词汇，并解释它们对气候变化的影响以及减少排放的措施。

③讨论阶段

完成思维导图的构建后，教师可以组织学生进行小组讨论，让他们探讨天气变化的原因、环境保护的重要性以及可以采取的具体措施。例如，对于"Industrial Emissions"，教师可以介绍温室气体和空气污染物的种类、来源和影响，以及减少排放的可行解决方案。对于"Deforestation"，教师可以讨论森林砍伐对生物多样性、土壤侵蚀等方面的影响，以及植树造林和可持续采伐等解决方案。这可以帮助学生加深对相关话题的理解，并提高他们的口语表达和批判性思维能力。

④总结与反思阶段

在所有小组展示完毕后，教师进行总结，强调天气变化与环境保护之间的联系，以及每个人在其中的责任和角色。鼓励学生将所学的知识和观点应用到日常生活中，例如通过减少能源消耗、支持可持续产品等方式来保护环境。最后，教师可以要求学生撰写一篇关于天气与环境保护的短文或报告，以巩固所学内容并培养写作能力。

通过这种详细的思维导图教学方式，学生不仅能够深入了解天气与环境保护之间的关系，还能够通过小组合作和互动讨论提高自己的批判性思维能力和环保意识。同时，通过实际应用和反思，学生还能够将所学知识转化为实际行动，为保护环境做出自己的贡献。

三、建构主义理论

建构主义理论是一种关于知识和学习的理论，它强调学习者的主动性，认为学习是学习者基于原有的知识经验生成意义、建构理解的过程，而这一过程常常是在社会文化互动中完成的。建构主义的提出有着深刻的思想渊源,它迥异于传统的学习理论和教学思想,对教学设计具有重要指导价值。

1. 建构主义理论的发展历程

建构主义理论的发展历程可以追溯到 20 世纪初,但其真正的兴起和发展是在 20 世纪 80 年代和 90 年代。

早期思想渊源:建构主义的早期思想可以追溯到古希腊哲学家柏拉图的理念论和康德的认识论。柏拉图认为现实世界只是理念世界的影子,而我们的认识只是对理念世界的回忆。康德则认为认识是主体对客体的建构,而不是对客体的直接反映。这些思想都为后来的建构主义理论提供了哲学基础。

心理学领域的发展:在心理学领域,皮亚杰的认知发展理论对建构主义理论的形成和发展产生了重要影响。皮亚杰认为儿童是在与周围环境的互动中逐步建构起关于外部世界的知识,从而使自身认知结构得到发展。他提出了"同化"和"顺应"两个重要概念,来描述儿童认知结构的发展过程。这些观点为建构主义理论提供了心理学基础。

教育领域的应用:建构主义理论在教育领域的应用始于 20 世纪 80 年代。当时的教育心理学家开始关注学习者在学习过程中的主动性和建构性,认为学习不仅仅是知识的传递和接受,更是学习者主动建构知识和意义的过程。在这一背景下,建构主义理论逐渐兴起并成为教育心理学领域的一股重要力量。

不断丰富和完善:随着研究的深入和实践的发展,建构主义理论不断丰富和完善。维果斯基的文化历史理论、布鲁纳的"学科结构论"以及奥苏伯尔的有意义学习理论等都为建构主义理论的发展作出了重要贡献。这些理论都强调了学习者在社会文化背景中的主动性和建构性,以及学习环境对学习者认知发展的重要性。

总之,建构主义理论的发展历程经历了从哲学和心理学思想的渊源到教育领域的应用和不断丰富完善的过程。如今,建构主义理论已经成为教育心理学领域的重要理论之一,对教学设计、学习方法和教育实践产生了深远的影响。

2. 建构主义理论在英语教学中的应用

建构主义理论的一个重要概念是"图式",它是指个体对世界的知觉理解和思考的方式,也可以被看作是心理活动的框架或组织结构。图式是认知结构的起点和核心,或者说是人类认识事物的基础。因此,图式的形成和变化是认知发展的实质,而认知发展受三个过程的影响:同化、顺应和平衡。

同化是指学习个体对刺激输入的过滤或改变过程，即个体在感受刺激时，把它们纳入头脑中原有的图式之内，使其成为自身的一部分。顺应则是指学习个体在遇到新的刺激情境时，通过调整原有的图式或建立新的图式来适应新环境的过程。平衡则是指学习个体通过同化和顺应过程达到的认知结构的相对稳定状态。

建构主义理论还强调了学习环境的重要性，认为学习环境应该是一个充满刺激和互动的场所，能够促进学习者的主动建构和意义生成。同时，建构主义也提倡在教师指导下以学习者为中心的学习，既强调学习者的认知主体作用，又不忽视教师的指导作用。教师是意义建构的帮助者、促进者，而不是知识的传授者与灌输者。

（1）以学生为中心的教学法

任务导向学习：教师设计真实或模拟的任务，让学生在完成任务的过程中主动探索和使用英语。这种方法鼓励学生积极参与，促进他们用英语进行交流，从而培养他们的语言运用能力。

个性化学习：由于建构主义强调每个学生的个体差异，英语教师需要设计个性化的教学方案，以满足不同学生的需求和学习风格。

（2）创设真实的学习情境

模拟对话：通过使用角色扮演、模拟日常对话等方式，使学生置身于真实的英语交流环境中，提高他们的口语和听力技能。

多媒体技术应用：利用视频、音频、图像等多媒体资源，为学生创造一个沉浸式的英语学习环境，使他们在多感官刺激下更好地理解和记忆英语知识。

（3）注重合作学习与互动

小组讨论：鼓励学生分组进行讨论，让他们在英语交流中共同解决问题，互相学习。

同伴互评：学生之间互相评价对方的作业或表现，这不仅能提高他们的英语评价能力，还能增强他们的责任感和合作意识。

（4）提倡反思与评价

自我评价：引导学生对自己的学习过程、方法和结果进行反思，找出自己的不足并制定改进策略。

多元评价：除了传统的笔试外，还应采用口试、表演、项目报告等多种评价方式，全面评估学生的英语能力和综合素质。

(5) 教师的角色转变

在建构主义教学理念下，教师不再是知识的单向传授者，而是成为学生学习过程中的引导者、促进者和支持者。他们需要帮助学生建构知识，解决学习中遇到的问题，同时激发学生的学习兴趣和动力。

总之，建构主义理论在英语教学中强调以学生为中心、创设真实情境、注重合作学习与互动以及提倡反思与评价等方面。这些应用有助于提高学生的英语学习兴趣和能力，培养他们的创新精神和自主学习能力。同时，这也对教师提出了更高的要求，需要他们不断更新教学理念和方法，以适应建构主义教学理念的要求。

3. 图式理论在高职商务英语阅读教学中的应用

(1) 图式理论

图式（schema）一词最早出现在 18 世纪哲学家康德（Kant，1781）的著作中。现代心理学家巴特利特（F. Burtlett，1923）应用并发展了图式概念，他把读者储存在头脑中的信息称之为图式。20 世纪 70 年代美国的人工智能专家鲁梅尔哈特（Rumelhart），他将图式比喻为知识的建筑构件，把图式的概念发展成一种完整的理论并将该理论引入到人们的阅读心理活动中。在图式理论中，图式是阅读者对世界认识的总和，是阅读者从不同的经历中获取的经验和知识，并按照情景分门别类地储存于大脑的知识结构的立体网络。而阅读理解指读者将语言材料所提供的信息和头脑中原有的信息交互作用后，产生出来的对语言材料的一种相关解释（Widdowson in Grabe，1988：56）。图式理论认为人们处理外界的任何信息都要调动大脑中的图式，依据图式来解释、预测、组织和吸收外界的信息。阅读者头脑中储存的图式越多越完善，可供调用的知识就越多，阅读者就越容易产生联想，思维更活跃，理解能力就越强，阅读效果就越好。

(2) 高职商务英语阅读的语言、内容及结构图式特点

为了更加精细地验证图式在阅读理解中的作用，研究人员把图式知识划分为：语言图式（linguistic schemata）、内容图式（content schemata）和形式图式（formal schemata）三类。语言图式是指词汇、句子结构和语法结构等语言层面的知识；内容图式是指阅读材料所涉及的主题或领域的相关背景知识以及专业化知识；形式图式又被称作语篇图式或修辞图式，是指文章的篇章段落的修辞组织结构及文章体裁（genre）的相关知识。读者理解语言材料的过程就是读者头脑中的图式与语言材料所提供的信息之间相互作用的过程。图式理论认

为，读者处理文章最有效的模式为交互式模式，即：自下而上（bottom-up）模式和自上而下（up-down）模式相结合，使两种模式在学习、分析和理解语言、内容和形式三种图式上同时进行，相互弥补。在这过程中，读者根据已有的背景知识和经验在"自上而下"的过程中对阅读材料做出推测；在"自下而上"的过程中对文字、语法等进行解码，构成篇章意义。在商务英语阅读中，三类图式具备了一定的特点，在交互的阅读过程中共同作用以达到有效的理解。

①高职商务英语阅读的语言图式特点及其教学目标。

语言图式是内容图式和形式图式的基础。语言图式的建立对于外语学习至关重要，因为语言是高职学生掌握外语的薄弱环节，又是传递信息的媒介。语言知识是阅读的前提和先决条件，没有相应的语言图式，就不能识别文章中的字、词、句，也就无法利用文章中提供的信息和线索去调用大脑中的内容图式和形式图式，就更谈不上对文章的理解。商务阅读中语言图式的特点主要体现在商务词汇的商务背景、一词多义和大量的术语及缩写词上。如："balance"一词的基本意思是"平衡"，但在商务英语中的意思为"余额、差额"，其相关的短语有"favorable balance"顺差，"unfavorable balance"逆差，"balance sheet"资产负债表等，商务英语常用的贸易术语如：FOB（Free on board 离岸价）、CIF（Cost insurance freight 成本保险和运费的到岸价）等，还有一些缩略词如：L/C（Letter of credit 信用证）、B/L（Bill of lading 提单）、PICC（中国人民保险公司）、CCPIT（贸促会）等等，这些都是高职学生在商务英语阅读学习的过程中都必须掌握的基本语言图式。这些语言图式的缺失是阅读最大的障碍，所以商务英语词汇、句子图示的教学目标就是要通过阅读教学，使学生不断地积累丰富商务英语词汇及相关句式图式并激活已有的语言图式，语言图式是理解文章内容的基础。

②高职商务英语阅读的内容图式特点及其教学目标。

在外语阅读中，外国文化背景知识是内容图式的重要组成部分，一个民族的语言并不等于语音＋词汇＋语法，它还渗透着该民族的文化。缺乏对该民族文化的了解往往是造成理解困难的重大因素。在教学中，我们经常发现这样一种现象，学生尽管读懂了文章中的每一词句，却无法理解全文的意义。图式理论对此现象的解释是：学生或者未具备相关的内容图式，或者缺乏调动内容图式的能力，因而无法将文章中的信息和大脑中的知识联系起来，于是出现了读后不知所云的现象。图式理论认为由于文化差异而未能具备相应的内容图式，因而在阅读中无从调用，妨碍了对文章的理解。商务英语阅读中，内容图式的特点表现为商务学科特定的内容和文化背景。如《世纪商务英语阅读教程（专业篇1）》第四单元 Marketing fundamentals 为了让学生能准确、快速地理解文章内容，教师以两个实例来分析影响市场营销的因素，一个是有形商品的营销方案，另一个为无形服务的营销策略，对两者进行比较说明，让学生明白影响市场营销的因素除了标准的4Ps，还有拓展的3Ps。丰富的背景知识是高职学生快速有效阅读理解的关键，由此说来，高职商务英语阅读内容图式的目标就是要帮助学生构建经济活动所发生时的人文、历史背景图式，掌握当代商务理念和国际商务惯例图式，运用商务内容图式来促进对语言图式的理解，真正领会作者的写作意图，内容图式是理解文章内容的关键。

③高职商务英语阅读的形式图式特点及其教学目标。

阅读理解不仅受到文章的语言和内容的影响，还要受到文章结构的影响。特定的内容往往需要特定的结构才能被有效地表达。在商务英语阅读中，形式图式的特点主要表现为商务阅读文本约定俗成的结构和格式。例如，政论文章通常是比较型的，科技文章通常是问题解决型的，历史文章通常是时间型的，这些结构都有各自的特点和框架。读者在阅读过程中，如果调用了相应的形式图式，就能够提纲挈领地理解文章的大意以及各段落之间的逻辑关系。学生若具备文体篇章知识，阅读时就会从感觉思维上升到想象思维，能调动起主观能动性，对文章内容进行积极的预期、核实和拓展，能使读者更容易、更准确、更迅速地掌握语篇要点。因此，在商务英语阅读教学中，要求学生掌握总分、并列、承接和因果四种基本结构图式，在此基础上构建相应的篇章图式。总之，形式图式是理解文章结构的前提。

综上所述，在英语阅读中，三种图式相辅相成，缺一不可。只有在教学中充分重视三种图式的构建，才能快速地把握文章的内容、内涵和整体脉络，有效地提高高职学生的阅读水平。

(3) 高职商务英语阅读图式的构建策略

①拓展商务英语词法及句法知识，丰富语言图式。

语言图式是阅读活动的基石，任何一种语言技能的形成都必须以一定的语言材料为基础。积累语言材料首先就要丰富词汇。Laufer（1991）的两项研究表明，词汇量不足是阅读的最大障碍，词汇量的大小是阅读成功与否的最好预测器。掌握足够的词汇是理解文章的关键，读者的词汇量越大，理解语言的范围就越广，理解就越精确。而高职学生的基础普遍较为薄弱，所以在教学中，教师可以采用分类和联想记忆法，就相同主题的相关词汇构建一个语言图式网络。英美商务英语中的词汇概括说来包括两大部分：一部分为描述经济状况、产品、市场、财务状况、企业法律及保险等的基本词汇，而每一个主题在教材中就是一个单元，教师可以根据相关主题向学生介绍其常用的词汇和短语，如：第二单元 Product 中的相关词汇有 tangible product，intangible product，PLC（product life cycle），market segment，retail，wholesale，standard product，non-standard product，joint product 等等；另一部分是随着科技和经济的发展而出现的新词汇，如：online shopping，holiday economy 等等。

掌握足够的词汇，若缺乏相应的语法和句法知识，也无法完全理解文章的语言。语法是语言的组织规律，句法是句子构造的法则。商务英语最重要的句法特征就是结构复杂的长难句的使用。这类句子包含的信息量大，句子内的逻辑关系复杂，给读者的理解带来一定的困难。为了正确理解这一类句子，教师要告诉学生从大处着眼，先找出句子的主干部分，再分析定语、状语、插入语及从句，让学生在阅读训练中练习分析句子，特别是长难句的方法，构建相应的图式提高阅读效率。

②扩充商务英语的背景知识，丰富内容图式。

背景知识是内容图式的重要组成部分。背景知识的学习能激发学生的思维和想象，调动学习兴趣，有助于教师活化教材，扩大学生的知识面。背景知识的缺乏会导致阅读过程中的思维障碍，影响阅读理解效果。目前大量研究发现二语学习者终身无法摆脱对母语思维的依赖，而且这种依赖往往对二语学习起到促进，而非阻碍作用（郭铭华，2002）。而对于高职学生来说，他们英语基础比较薄弱，因此在教学当中应当补充中文的背景知识，构建相关主题的内容图式。为了补充和完善相关的内容图式，教师可以在窄式阅读方法下选用阅读材料。Krashen（1981）提出的窄式阅读方法是指阅读关于同一话题的若干文章。随着学生在阅读中对同一话题的逐渐了解，不断积累背景知识，他们会相对容易地理解后续的相关话题文章，并且同一主题的相关词汇频繁出现，自然能使学生掌握相关的专业术语。美国阅读理论研究专家 Esket（1986：21）曾指出，人们只有通过不断地阅读实践才能学会阅读，研究表明人们在语言学习过程中，通过反复使用语言，将图式知识存储在长期记忆中才能真正完成图式的确定。只有通过反复的练习和应用，学生暂时获取的图式知识才能实现内化，成为学生大脑中图式网络的一部分。因此，教师应该鼓励学生根据自己的兴趣，通过各种媒介进行大量的拓展阅读，从广度和深度两方面扩充和巩固商务英语阅读的内容图式。

③积累商务英语的文体知识，丰富形式图式。

商务英语阅读的材料大部分都是商务报刊、商务信函和外贸单据，这些材料的篇章结构、格式相对固定，越熟悉某种文章结构，阅读时就越能把握思路、层次、各段落的组织排列及文章的逻辑关系，读起来就越能得心应手。因此，在教学中教师应该结合具体的阅读任务，引导学生从语篇的整体出发，对文章进行分析和评价，提醒学生阅读文章的标题、副标题和段落的中心句，以及体现文章上下文之间逻辑关系的连词如：therefore，furthermore，however 等。通过这些线索可以总结出文章的主要内容。另外教师应该有计划地引导学生发现商务英语文章的结构特色及文体特点。教材每一单元的综合阅读训练是由三篇不同文体但内容相关的文章组成的，这样更能使学生熟悉和掌握阅读技巧，提高阅读速度。如：第九章"Insurance"的第一篇文章综述性地概述了保险的定义、原因及重要性，让学生对保险建立大致的图式；第二篇文章深入介绍保险的种类及特点，激活并丰富学生的保险图式；第三篇文章注重商务的实用性，对保险单进行分析和介绍，拉近理论与实践的距离，让学生感受到保险的真实性，进一步丰富保险的形式图式。通过分析文章的体裁和篇章结构，让学生掌握不同体裁的图式，擅长从体裁的角度进行快速阅读，提高阅读效率。

商务英语阅读是一个复杂的心理语言活动过程，该过程是否顺利完成取决于学生的英语语言水平、商务英语的背景知识以及阅读策略等方面的因素。对于高职商务英语阅读的教学，教师应该在图式理论的指导下，通过各种途径调动学生的积极性，不断激活、丰富和巩固商务材料的语言图式、内容图式及形式图式，切实提高学生的阅读理解能力。

第二节　高校英语教学的策略

英语教学，作为全球通用语言的教学，具有至关重要的地位。其教学策略与原则的制定不仅关乎教学质量，更直接影响到学生未来的语言能力和跨文化交际能力。

首先，教学策略与原则的制定是确保教学质量的关键。在英语教学中，没有一个固定不变的教学模式，因为学生之间存在巨大的个体差异。这就需要教师根据学生的实际情况，灵活采用不同的教学策略，如任务型教学、合作学习、情境教学等，以满足不同学生的学习需求。同时，教学原则的制定也至关重要，如以学生为中心、注重实际应用、因材施教等，这些原则能够指导教师更加科学、有效地进行教学，确保教学质量。

其次，教学策略与原则对于培养学生的英语能力具有决定性影响。英语作为一门语言，其学习不仅仅是掌握语法和词汇，更重要的是培养听说读写等综合能力。而这些能力的培养，离不开科学有效的教学策略与原则。例如，通过情境化教学，可以使学生置身于真实的英语环境中，提高他们的口语和听力能力；通过合作学习，可以促进学生之间的交流和合作，培养他们的团队协作能力和社交技能。因此，教学策略与原则的制定对于培养学生的英语能力至关重要。

此外，教学策略与原则的制定还有助于激发学生的学习兴趣和动力。在传统的英语教学中，教师往往采用灌输式的教学方法，导致学生缺乏学习兴趣和动力。而现代教学策略则强调以学生为中心，注重激发学生的学习兴趣和动力。通过设计有趣的教学任务、组织丰富多样的教学活动、提供个性化的教学指导等方式，可以使学生更加积极地参与到英语学习中来，从而提高他们的学习效果。

最后，教学策略与原则的制定也是适应时代发展的需要。随着全球化的加速和信息技术的快速发展，英语已经成为了国际交流的必备工具。因此，英语教学需要不断更新教学策略与原则，以适应时代的发展需求。例如，利用现代教学技术和工具，如在线学习平台、移动应用程序等，可以为学生提供更加灵活多样的学习方式；同时，注重培养学生的跨文化交际能力，也可以使他们更好地适应全球化的趋势。

英语教学策略与原则的重要性不言而喻。它们不仅是确保教学质量的关键，更是培养学生英语能力、激发学习兴趣和动力以及适应时代发展的需要。因此，在英语教学中，我们应该高度重视教学策略与原则的制定和实施，为学生的未来发展奠定坚实的基础。

一、任务型教学

1. 任务型教学产生的背景

从 20 世纪中期开始，很多语言的研究者们都慢慢地体会到对一种语言的学习掌握应该是最大限度地去使用这种语言，这样才能加深记忆，进而能够掌握和熟练运用，而这些正是语言所特有的功能，即交际功能。鉴于这种思想的出现，广大教师开始采用新的教学方法也就是交际法去进行自己的实际教学。随着时代不断进步发展，我们的教学方法亦不断改进，在交际教学出现了不久之后，一种新的教学方法应运而生——任务型教学法（task-based teaching approach）。最早提出任务型教学的是威斯利（Willis. J: 1996），他认为仅仅为了交际而去学习一门外语太局限了，学习的目的可以有很多种，方法也应该不止一种，交际只不过是学习外语的一种途径而已，还会有更多的方法来供大家使用。经过深思熟虑，普拉布认为比较好的外语学习方法应该是能让人感到有趣的，这样既能避免学习的枯燥，给人带来乐趣，更加深了对所学习内容的掌握，通过一系列任务的完成就可以达到这样的效果，前提是这些任务的分发要合理适当，才能有所成效。

普拉布的理论思想方法就是现如今被大家所熟知的任务型教学，课堂中老师给学生布置任务让学生完成，这个过程就是学生积极主动学习探索的过程，一般英语老师会创设一个生活情境，让学生在情境中用英文对话交流完成任务，用贴近现实的方式练习英语，使学生的英语能力能够得到较为全面的锻炼和提高。

2. 任务型教学法的概念

任务驱动教学法是一种将教学目标分解在教学活动的各个环节之中并以学生活动任务的形式呈现出来的，激励学生发挥学习主体作用，围绕教师设定的情境，通过生生互动、自主探究、师生互动从而实现教学目标的教学方法。这种教学方法着重强调学生的主体性表现，重视教师的教学主导作用。学生在教师创设的情境中，根据由教师将教学目标按照教学环节进行分解所形成的活动任务，围绕学习任务展开各种学习活动，主动思考，合作探究，与教师产生良性互动，在不断的自主探究中经过独立思考完成学习任务。在运用任务驱动教学法的课堂中传授知识的教师起主导作用，所以在进行教学活动时，首先应该重视让学生对当天的教学任务有一个初步的认知。教学任务是检验学生学习成果的一个重要基础，所以教师在设置任务的过程中，应该根据所教学的学生本身的学习起点来组织探究合作学习，并且应该时时注意鼓励学生主动地对学习进行探究和分析。任务驱动教学法的实施要强调在实际教学过程中的以下几个步骤：开发教学情境，设置教学任务，组织学生活动，实施效果评价。目的就是为了能够激发学生学习动机，激励学生参与探究活动，转变学生学习状态，让学生在教师预设的任务的驱动下自主学习。总而言之任务驱动教学法的使用是以学生积极主动的学习心态为教学情景设计的基础，在此基础上再结合课本知识去展开教学的教学方法。

3. 任务型教学的特征

（1）以任务为主线

在运用任务驱动教学法时，英语教师要先按照课程标准的要求设计切实可行的教学活动方案。英语课的教学设计，通常以学习任务作为主线，活动任务这一媒介也能为增强师生的课堂互动准备条件。为了达成教学目标，往往对任务的呈现形式、问题设计不作要求。任务这一主线可以作为开展课堂教学内容的有效牵引。

英语教师在组织和开展英语课程的教学活动时，英语教材中的基本知识以及社会现象内容比较多，在组织学生学习这些内容时，应围绕教学目标设计一些具体任务，从而牵引教学活动有效进行。按照建构主义的基本学习理论内容，在学生日常的学习中，不提倡教师采用传统的简单形式的讲授灌输法，而是要激发学生的学习动机，发挥学生的主观能动性，通过整合新知识与原来已经掌握的知识从而实现知识的融会贯通。英语老师应当充分了解和研究教学目标，以便准确地对教学目标进行分解，围绕学生的生活实际设计与之联系的任务内容。在完成任务时，一方面能够让学生对知识充满好奇，另一方面能够增加学生的热情。在设置具体任务时，必须要置于有效情境下，授课老师要担当好教学引导者的角色，鼓励学生运用已有的知识经验自己完成任务，教师能够补充讲解一些新知识，从而使得学生在学习过程中了解制定的学习任务的设计意图。英语课教材中包含极为丰富的内涵，具体有经济知识、文化和政治知识、哲学知识等，知识覆盖面尤为广阔，而且体现了学科融合特点。如果教师从一开始就直接灌输抽象的内容，这样的教学方式往往不符合学生的认知发展规律以及思维发展特点，通过任务驱动教学方式有助于解决上述问题。英语课教学在设计任务时必须要围绕教学目标和教学内容对任务进行分解，让学生分步做完所有的子任务。

(2) 以学生为主体

以学生作为教学主体，制定教学内容，进行课堂教学。任务型教学法从某种程度上，原有的教学方式、原有的教学都是以教师为中心，从学生的角度，让学生结合自己的实际情况以及以往的亲身经历为出发点，能够让教师用最适合接受的方式把知识传递给学生。当学生感受到自己的看法能够实实在在地影响当前教学方式和内容，其自主性会大幅度提高，会更为主动地参与到教学中去。

以学生为主体，无论哪个阶段的英语课，英语教师的教育对象均为学生群体。学生对于英语知识的建构往往能够直接决定学生理论学习的深度，影响到课程的学习效果。教师在教学活动中一定要让学生主动地对授课内容进行熟悉、了解。建构主义的理论在学习过程中不主张采用机械记忆与简单背诵法，因为这种简单粗放的填鸭式教学方法很难取得比较好的授课效果。学生在学习过程中一定要掌握一种学习能力，能够以现有经验作为基础而对新知识进行建构。为了保证任务设计合理、适当，英语教师必须要基于学生的认知水平和实际生活经验，从学生兴趣出发，从而提升知识的转化能力。高校英语课必须要与学生的需求和兴趣紧密联系，才能让学生在上课时成为课程的主体，才能开展任务教学。在英语教学中，将任务驱动教学方法运用好可以极大地提高学生的参与度，增强学习主体的学习体验，能够实现在学习中达到自我满足、提高自我成就感的目标。

(3) 以教师为引领

英语教师在教学中使用任务驱动教学法时，能够对高校生的学习方向和内容作出明确指引。在英语课堂上，授课教师必须既要做好课堂的组织者也要做好引领者。在英语课堂上教师所能够发挥的引领作用具体表现如下：

第一，教师在授课过程中能够按照达成教学目标的需要自主设计教学的基本内容及呈现顺序。按照建构主义中的教师理论，在建构过程中，教师往往是合作者、支持者和引领者。在实际的教学过程中，英语课的授课老师在教学过程中往往需要承担许多不同的角色。第一，必须要紧紧围绕课程标准制定教学目标以及教学程序，从而设计任务体系，围绕学生实际设定有效情境，丰富教学素材库从而保证课堂的教学效果；第二，授课教师在授课过程中必须要能够精准把握授课内容中什么是重点、什么是难点，而且能够精讲每一个知识点，这就需要教师保证设计思路清晰；第三，在教学任务设计过程中，教师一定要想到不同学生的认知能力与认知水平，按照当前学生的学习能力以及认知水平，使设定的任务由易到难、由简到繁，且富有挑战性，让学生必须要在深思熟虑之后才能完成。为了能够吸引学生的关注，英语教师必须要运用多样化的教学方法，比如角色扮演、辩论会、讨论会、知识小竞赛等，才能够提高学生的参与度。这要求英语教师的专业素养务必要达到一定的层次。

第二，英语课的指导者在实际的课程教学过程中，必须要认真观察，根据学生对课堂所授知识的反馈对课堂进度做出有效调节。在学生完成知识的建构时，教师应该成为优秀的指导者，同时能够在课堂上吸引学生的关注，让学生对课程有较强的渴望，以此让学生对学习充满期待。教师要能够正确指引学生，使得学生对英语课主题进行反省以及思索，提高学生的参与度。如果一部分学生在学习过程中讨论不积极，教师必须要做出有效沟通，坚持原则性与灵活性相结合的原则。此外，如果学生遇到棘手的难点，为了保障顺利完成任务，教师必须要做出有效指引。英语教师要通过对高校学生的认知发展特点进行分析，肯定其具有独立的见解能力，从而传递有效的价值观，使教学目标更加饱满。

4. 任务型教学的优势与不足

任务型教学是一种以任务为核心单位计划、组织语言教学的途径。自20世纪80年代以来，任务型教学逐渐在英语教学中占据重要地位，并被认为是提高学生实际语言运用能力的有效途径。然而，任何一种教学方法都有其优势和不足，任务型教学也不例外。以下是对任务型教学优势与不足的深入探讨。

（1）任务型教学的优势

• 提高学生实际语言运用能力

任务型教学的核心目标是培养学生的实际语言运用能力。通过设计各种真实或模拟的任务，使学生在完成任务的过程中进行语言交流，从而提高学生的口语、听力、阅读和写作技能。这种教学方法使学生置身于真实的语言环境中，更加贴近实际生活的需求，有助于培养学生的语言实际运用能力。

• 激发学生学习兴趣和动力

任务型教学强调以学生为中心，注重学生的主体性和参与性。通过设计有趣的任务和活动，激发学生的学习兴趣和动力，使学生更加积极地参与到英语学习中来。这种教学方法注重学生的实际需求和兴趣点，使学习变得更加有趣和有意义。

- 培养学生的合作精神和团队协作能力

任务型教学通常采用小组合作的形式，使学生在完成任务的过程中进行合作和交流。这种教学方式有助于培养学生的合作精神和团队协作能力，使学生学会与他人合作，共同解决问题。同时，通过小组合作，学生还可以相互学习、互相启发，共同提高英语水平。

- 促进学生的全面发展

任务型教学不仅关注学生的语言技能培养，还注重学生的全面发展。通过设计多样化的任务，使学生在完成任务的过程中锻炼自己的思维能力、创新能力、人际交往能力等。这种教学方法有助于促进学生的全面发展，培养学生的综合素质。

（2）任务型教学的不足

- 任务设计难度控制不当

任务型教学的关键在于任务的设计。然而，在实际教学中，教师往往难以准确把握任务的难度，导致任务过于简单或过于复杂。过于简单的任务可能无法激发学生的学习兴趣和挑战性，而过于复杂的任务则可能使学生感到挫败和无助。因此，如何合理控制任务的难度是任务型教学面临的一个重要问题。

- 学生参与度不均衡

在任务型教学中，通常采用小组合作的形式。然而，在实际操作中，往往会出现学生参与度不均衡的情况。一些学生可能积极参与任务，而另一些学生则可能处于被动地位，缺乏参与机会。这种情况可能导致部分学生无法充分受益于任务型教学，甚至可能加剧学生之间的学习差距。

- 教师角色定位不明确

在任务型教学中，教师的角色定位也是一个需要关注的问题。一些教师可能过于强调学生的自主性和合作性，而忽视了自己的引导和指导作用。这可能导致学生在完成任务的过程中出现迷茫和困惑，无法有效地提高语言能力。因此，教师需要明确自己在任务型教学中的角色定位，既要尊重学生的主体性，又要发挥自己的引导和指导作用。

- 教学资源限制

任务型教学通常需要丰富的教学资源来支持任务的实施。然而，在实际教学中，往往教学资源受到限制，如场地、设备、教材等。这些限制可能导致教师无法设计出丰富多样的任务来满足学生的需求，从而影响了任务型教学的效果。因此，如何在有限的教学资源条件下实施有效的任务型教学是教师需要面对的一个挑战。

综上所述，任务型教学在英语教学中具有显著的优势，如提高学生实际语言运用能力、激发学生学习兴趣和动力、培养学生的合作精神和团队协作能力等。同时也存在一些不足之处，如任务设计难度控制不当、学生参与度不均衡、教师角色定位不明确以及教学资源限制等。为了充分发挥任务型教学的优势并克服其不足，教师需要不断学习和探索有效的教学方法和策略，以适应不同学生的需求和教学环境的变化。同时，教育部门和学校也应该加大对任务型教学的支持和投入，提供丰富的教学资源和培训机会，以促进任务型教学的顺利实施和发展。

5. 任务型教学法在英语听说教学中的应用

任务型教学法是一种以任务为核心的教学方法，它强调通过完成具有真实性、实用性和挑战性的任务来学习和运用语言。在英语听说教学中，任务型教学法的应用可以有效提高学生的听说能力，激发学生的学习兴趣和积极性。

（1）任务型教学法在英语听说教学中的优势

真实性：任务型教学法中的任务通常来源于真实生活场景，这使得学生在完成任务的过程中能够接触到真实的语言材料，从而提高他们的语言运用能力。

实用性：任务型教学法注重培养学生的语言交际能力，特别是在听说方面。通过完成各种实用性任务，学生可以更好地掌握日常生活中的交际用语和技巧。

挑战性：任务型教学法中的任务通常具有一定的挑战性，要求学生在完成任务的过程中不断尝试、探索和创新。这种挑战性可以激发学生的学习兴趣和动力，促使他们更加积极地参与课堂活动。

（2）任务型教学法在英语听说教学中的实施步骤

• 任务前阶段（Pre-Task）

引入主题：首先，教师需要选择与学生生活经验相关的主题，如校园生活、节日庆祝、旅行经历等，以此激发学生的兴趣。

词汇和背景知识铺垫：通过图片、视频、音频等多媒体手段，为学生介绍与任务相关的词汇和表达，以及必要的背景知识。例如，如果任务是围绕一次旅行展开，教师可以展示不同国家的风景、食物、文化等，帮助学生熟悉相关词汇。

明确任务要求：清晰地向学生介绍任务的目的、要求以及评估标准，确保学生对任务有清晰的认识。

语言准备：为学生提供与任务相关的常用表达和句型，帮助学生做好语言上的准备。

- 任务中阶段（Task-Cycle）

小组活动：将学生分成小组，每组4—5人。小组内成员可以互相讨论、交流想法，共同完成任务。

任务执行：学生根据任务要求，开始执行任务。在此过程中，教师应鼓励学生大胆尝试、积极表达，并提供必要的指导和帮助。

监控与指导：教师在学生执行任务的过程中，密切关注学生的表现，及时给予指导和建议。对于发音、语法或表达上的错误，教师可以进行适当的纠正。

互动与讨论：鼓励学生之间进行互动和讨论，以促进语言的自然输出和交流。教师可以设置一些开放性问题，引导学生深入思考并展开讨论。

- 任务后阶段（Post-Task）

成果展示：每个小组选择一名代表，向全班展示他们的任务成果。展示形式可以是口头报告、PPT展示、角色扮演等。

反馈与评价：在展示结束后，教师和学生一起对展示内容进行评价和反馈。反馈内容包括语言表达、内容逻辑、创新点等方面。同时，教师也要给予积极的鼓励和肯定，以增强学生的自信心和提高学习动力。

总结与归纳：教师引导学生总结任务中学到的知识点和表达方式，帮助学生将所学知识内化为自己的语言技能。同时，教师也可以对本次任务进行总结和反思，以便改进未来的教学设计。

通过以上三个阶段的实施步骤，任务型教学法在英语听说教学中的应用可以更加具体和可操作。这种教学方法不仅能够提高学生的听说能力，还能够培养学生的合作精神和自主学习能力。

（3）任务型教学法在英语听说教学中的应用策略

任务型教学法是一种以任务为核心的教学方法，强调在完成任务的过程中学习和运用语言。在英语听说教学中，任务型教学法具有显著的优势，能够帮助学生提高听说能力、培养语言交际能力。下面将详细探讨任务型教学法在英语听说教学中的应用策略。

- 设计具有真实性和实用性的任务

任务型教学法的核心在于设计具有真实性和实用性的任务。在英语听说教学中，这意味着任务应该模拟真实生活中的交际场景，如购物、问路、预订酒店等。这样的任务能够让学生在学习过程中接触到真实的语言材料，提高他们的语言运用能力。同时，任务还应该具有实用性，即能够帮助学生在日常生活中解决实际问题。例如，可以设计一个任务，要求学生在模拟的旅行场景中预订酒店和购买机票，这样的任务不仅具有真实性，还具有实用性，能够激发学生的学习兴趣和积极性。

- 注重任务的层次性和渐进性

任务型教学法强调任务的层次性和渐进性。在英语听说教学中，这意味着任务应该由易到难、由浅入深，逐步提高学生的听说能力。教师可以根据学生的语言水平和兴趣爱好设计不同难度的任务。对于初学者，可以设计一些简单的模仿性任务，如跟读录音、模仿对话等；对于中高级学习者，可以设计一些具有挑战性和创新性的任务，如角色扮演、辩论赛等。同时，任务之间还应该具有逻辑联系和连贯性，形成一个完整的任务链，逐步提高学生的听说能力。

- 鼓励学生积极参与和主动探究

任务型教学法的核心理念是"以学生为中心"，强调学生的积极参与和主动探究。在英语听说教学中，教师应该鼓励学生大胆尝试、积极表达，给予他们充分的思考和实践空间。同时，教师还应该提供必要的指导和帮助，引导学生发现问题、解决问题，培养他们的自主学习能力和创新精神。例如，在角色扮演的任务中，教师可以让学生自行设计对话内容、选择角色、安排场景等，充分发挥他们的创造力和想象力。

- 采用多样化的评估方式

任务型教学法注重学生的参与和过程，因此在评估方式上也应该采用多样化的方式。在英语听说教学中，除了传统的教师评价外，还可以采用学生自我评价、同伴评价等方式。同时，评估内容也应该多元化，包括任务的完成情况、语言的准确性、流利性、合作能力等方面。这样的评估方式能够更全面地反映学生的听说能力和综合素质，为他们的进一步发展提供有益的反馈和建议。

- 创设积极的学习氛围

任务型教学法强调学生的积极参与和互动，因此创设积极的学习氛围至关重要。在英语听说教学中，教师应该营造一个宽松、民主、和谐的学习氛围，鼓励学生大胆表达、互相交流。同时，教师还应该关注学生的情感需求和心理变化，给予他们必要的支持和鼓励，帮助他们建立自信心和提高学习兴趣。

综上所述，任务型教学法在英语听说教学中的应用具有重要意义。通过设计具有真实性、实用性和挑战性的任务，让学生在完成任务的过程中学习和运用语言，可以有效提高学生的听说能力。然而，在实际应用中，教师还需要注意任务设计的层次性、学生的参与度和积极性保障以及评估方式的多样性和公正性等问题。这些策略能够有效地提高学生的听说能力、培养语言交际能力，为他们的全面发展奠定坚实的基础。未来，随着教育技术的不断发展和创新，任务型教学法在英语听说教学中的应用将更加广泛和深入。

二、合作学习

合作学习是指学生为了完成共同的任务，有明确的责任分工的互助性学习。合作学习鼓励学生为集体的利益和个人的利益而一起工作，在完成共同任务的过程中实现自己的理想。它是一种结构化的、系统的学习策略，由 2—6 名能力各异的学生组成一个小组，以合作和互助的方式从事学习活动，共同完成小组学习目标，在提升每个人的学习水平的前提下，提高整体成绩，获取小组奖励。合作学习教学模式将社会心理学的原理应用于课堂教学中，以教学中的人际合作和互动为基本特征。它把个人自学、小组交流、全班讨论、教师指导等有机地结合起来，促进小组之间的合作与竞争，充分激发了学生的学习兴趣与热情，挖掘了个体学习潜能，增大了课堂信息量，使学生在互补互读的学习氛围中实现共同进步。这种学习方式对于改善课堂气氛、大面积提高学生的学业成绩、促进学生形成良好的非认知品质等方面实效显著，因此很快引起了世界各国的关注，并成为当代主流教学理论与策略之一。

1. 英语教学中合作学习的理论基础

社会建构主义理论：社会建构主义理论认为，学习是通过社会互动和合作过程来实现的。在英语教学中，合作学习通过小组活动、角色扮演、讨论等形式，为学生提供与他人互动、合作的机会，促进他们的语言交际能力和社会技能的发展。这种学习方式鼓励学生积极参与、互相支持、共同构建知识，从而提高学习效果。

互动假说理论：互动假说理论认为，语言学习是通过互动和交流来实现的。在合作学习中，学生之间的互动和合作可以为学生提供更多的语言实践机会，促进他们的口语和听力技能的发展。通过小组讨论、角色扮演等活动，学生可以在真实的语境中运用英语进行交流，提高语言运用能力。

多元智能理论：多元智能理论认为，每个人都具有不同的智能优势和智能组合方式。在合作学习中，教师可以根据学生的智能特点和兴趣爱好进行分组和任务设计，以充分利用每个学生的智能优势，促进他们的全面发展。这种学习方式可以激发学生的学习兴趣和动力，提高他们的自信心和学习积极性。

成功教育理论：成功教育理论强调每个学生都有成功的潜能和需要，教师应该关注学生的个性差异和需求，为他们提供成功的机会和体验。在合作学习中，教师可以通过设计适合不同学生的任务和活动，让每个学生都有机会展示自己的才能和成果，从而获得成功的体验和自信心。

2. 英语教学中合作学习的发展历程

合作学习在英语教学中的发展历程是一个不断演进和完善的过程。以下是合作学习在英语教学中发展的主要阶段：

早期萌芽阶段：早在两千多年前，我国古典教育名著《礼记·学记》中就强调了学习者在学习过程中的合作重要性。在西方，古罗马昆体良流派也指出了学生可以通过互相教学而获益。这些早期思想为合作学习在英语教学中的发展奠定了基础。

推广和发展阶段：18 世纪以来，合作学习开始被广泛应用于英语教学中。英国的约瑟夫·兰开斯特和安德鲁·贝尔大力推广合作性学习小组，并将其思想传播到美国。美国教育家帕克和杜威等人进一步推崇合作学习，并将其应用于英语教学中。帕克让学生进行合作性学习的教学方法在 19 世纪末至 20 世纪初的美国教育中占据主导地位，而杜威则将合作性学习小组作为他著名教学方法的一部分。

广泛应用阶段：20 世纪 70 年代，合作学习在美国兴起，并在 20 世纪 70 年代中期至 80 年代中期得到广泛推广。合作学习在英语教学中得到了广泛应用，成为一种重要的教学策略。这一阶段，合作学习理论也得到了进一步深入研究和完善，为其在英语教学中的应用提供了更坚实的理论基础。

成熟和创新阶段：进入 21 世纪，合作学习在英语教学中继续发展并不断创新。随着教育理念的不断更新和技术的不断进步，合作学习在英语教学中呈现出更多样化的形式和更丰富的内涵。例如，现代合作学习理论强调学生的自主学习、批判性思维和创新能力的培养，同时也注重利用信息技术等现代教学手段来增强合作学习的效果。

随着教育理念的不断更新和技术的不断进步，合作学习在英语教学中将继续发挥重要作用，并不断完善和创新。

3. 合作学习在英语教学中的优势

合作学习不仅能够提高学生的英语水平，还能在更广泛的层面上促进学生的全面发展。

（1）增强学生的语言应用能力

合作学习鼓励学生通过实际的语言交流来应用所学知识。在小组讨论、角色扮演等活动中，学生需要在真实的语境中运用英语，这不仅锻炼了学生的口语和听力技能，还提高了他们的语言流利度和准确性。这种实践性的学习方式远比传统的单向传授更为有效，能够帮助学生更好地适应现实生活中的语言交流场景。

（2）培养学生的团队协作能力

合作学习强调学生之间的合作与互动，通过小组讨论、团队项目等形式，学生需要学会如何与他人合作，如何有效地沟通，如何分工协作。这种学习方式不仅有助于培养学生的团队协作能力，还能帮助他们建立积极的人际关系，增强社会适应能力。

（3）激发学生的批判性思维能力

合作学习鼓励学生积极参与讨论和辩论，发表自己的观点和看法。这种教学方式能够激发学生的批判性思维能力，使他们能够独立思考，分析问题，形成自己的观点。这种能力在未来的学习和工作中都非常重要，能够帮助学生更好地应对各种挑战和问题。

（4）适应不同学生的学习需求和能力

合作学习可以根据学生的不同学习需求和能力进行分组和任务设计。这种个性化的教学方式可以确保每个学生都能够在适合自己的水平上参与学习，充分发挥自己的潜能。这种方式不仅提高了学生的学习效率，还能增强他们的学习动力，使学习变得更加有趣和有意义。

（5）增强学生的自信心和学习动力

合作学习注重学生的参与和贡献，让每个学生都有机会展示自己的才能和成果。这种教学方式可以增强学生的自信心，使他们相信自己有能力学好英语。同时，合作学习也注重培养学生的自主学习能力，使他们能够主动地学习英语，形成持续的学习动力。

（6）促进学生的全面发展

除了语言技能的提升外，合作学习还能促进学生的全面发展。通过小组讨论、团队项目等活动，学生可以锻炼自己的领导力、组织能力、沟通能力等多方面的能力。这些能力在未来的学习和工作中都非常重要，能够帮助学生更好地适应社会的需求。

4. 合作教学在高职英语教学中的应用

角色扮演游戏：在英语课堂上，教师可以设计一些与课程内容相关的角色扮演游戏。学生分组后，每个小组选择一名成员扮演特定的角色，如商店老板、顾客、导游等，然后在模拟的场景中使用英语进行对话。这种方式不仅能提高学生的口语表达能力，还能增强他们的团队协作和应变能力。

小组讨论与展示：教师可以将学生分成若干小组，每个小组围绕一个特定的主题或问题展开讨论。讨论结束后，每个小组选派一名代表向全班展示讨论成果。这种方式可以激发学生的思维，提高他们的批判性思维能力，同时也能培养他们的团队协作和公共演讲能力。

团队项目：教师可以布置一些需要团队合作完成的项目，如制作英语海报、编写英语剧本、策划英语晚会等。学生在完成项目的过程中需要分工协作，共同解决问题。这种方式可以帮助学生建立积极的人际关系，增强他们的团队协作和创新能力。

在线协作工具：利用在线协作工具（如 Google Docs、Zoom 等），教师可以组织学生进行远程合作学习。学生可以在线共享文档、进行实时讨论、共同编辑作品等。这种方式可以突破时间和空间的限制，为学生提供更加灵活和多样化的学习方式。

同伴互助学习：在英语学习中，学生之间往往存在水平差异。教师可以鼓励学生之间进行同伴互助学习，即让英语水平较高的学生帮助英语水平较低的学生。这种方式可以增强学生的自信心和学习动力，同时也能提高他们的自主学习和合作学习能力。

词汇竞赛：教师可以组织词汇竞赛活动，将学生分成若干小组，每个小组需要回答与课程主题相关的词汇问题。这种竞赛形式可以激发学生的学习兴趣，促使他们积极记忆和应用英语词汇，同时培养他们的团队合作精神和竞争意识。

合作写作：在英语写作教学中，教师可以安排合作写作任务。学生分组后，每个小组共同撰写一篇文章或故事。在写作过程中，学生需要相互讨论、协商和修改，以确保文章的质量和连贯性。这种方式可以提高学生的写作能力，同时培养他们的团队协作和沟通能力。

共享阅读体验：在阅读教学中，教师可以鼓励学生进行共享阅读体验。学生分组后，每个小组选择一本英文书籍或文章进行共同阅读。阅读后，小组成员需要一起讨论书籍的主题、情节、人物塑造等方面，并分享自己的阅读感受和理解。这种方式可以增强学生的阅读理解能力，同时培养他们的批判性思维和团队合作能力。

英语角活动：教师可以组织英语角活动，为学生提供一个自由交流英语的平台。在英语角中，学生可以分组进行话题讨论、角色扮演、即兴演讲等活动。这种方式可以帮助学生提高英语口语表达能力，同时培养他们的自信心和创造力。

跨文化交流活动：在英语教学中，教师可以组织跨文化交流活动，让学生分组进行文化展示和交流。学生可以通过研究不同国家的文化、传统、习俗等方面，准备相关的展示材料并与其他小组进行分享和交流。这种方式可以帮助学生了解不同文化背景下的英语使用方式，提高他们的跨文化交际能力。

这些活动不仅展示了合作学习在不同教学环境和条件下的灵活性和多样性，同时也说明了合作学习在英语教学中不仅提高了学生的英语水平，还促进了他们的团队协作、沟通能力、批判性思维等多方面的发展。

三、翻转课堂

翻转课堂（Flipped Classroom 或 Inverted Classroom），也可译为"颠倒课堂"，是指重新调整课堂内外的时间，将学习的决定权从教师转移给学生。在这种教学模式下，课堂内的宝贵时间，学生能够更专注于主动地基于项目的学习，共同研究解决问题，从而获得更深层次的理解。教师不再占用课堂的时间来讲授信息，这些信息需要学生在课前完成自主学习，他们可以看视频讲座、听播客、阅读电子书，还能在网络上与别的同学讨论，能在任何时候去查阅需要的材料。教师也能有更多的时间与每个人交流。在课后，学生自主规划学习内容、学习节奏、风格和呈现知识的方式，教师则采用讲授法和协作法来满足学生的需要和促成他们的个性化学习，其目标是为了让学生通过实践获得更真实的学习。

1. 翻转课堂的理论基础

建构主义学习理论：翻转课堂颠覆了传统课堂"先教后学，以教师为中心"

的教学模式，学生通过课前自主学习，独立观看教学视频，完成相应的练习，课堂上进行合作交流、讨论、辩论甚至动手实验来加深对学习经验的意义建构。这体现了建构主义学习理论中学生个体的差异性与主观能动性，以及学习者通过经验交流、讨论等方式对知识的内化过程。

混合学习理论：翻转课堂最大程度整合了各种教学资源，形成自主学习平台完成线上的知识输入，主要包括学生独立完成教学视频的观看、练习与测验、网络学习社区的互动交流。同时，线下的学习也通过课堂组织学习任务活动、课外学习小组分解固化学习效果以及学生之间广泛展开的自我评价、组内互评和班内互评来完成。这种线上线下的混合学习模式，有助于实现学生的自主学习和个性化学习，提高学习效果。

游戏化学习理论：翻转课堂在设计教学视频和学习任务时，可以融入游戏化元素，如设置关卡、积分奖励等，以激发学生的学习兴趣和动力。这种游戏化学习理论的应用，可以使学习过程更加生动有趣，提高学生的学习参与度和学习效果。

大学英语课堂上的翻转课堂体现了建构主义学习理论、混合学习理论和游戏化学习理论等多种教育理论。这些理论的应用有助于实现学生的自主学习、个性化学习和深度学习，提高学生的学习效果和学习动力。

2. 翻转课堂的优势与挑战

（1）高校英语教学中翻转课堂的优点

翻转课堂在大学英语教学中具有诸多优势，包括增强学生学习主动性、个性化学习、强化师生互动与生生互动、提高课堂学习效率、培养学生自主学习能力以及促进教学相长等。

①增强学生学习主动性：翻转课堂模式鼓励学生在课前自主观看教学视频、查阅资料，完成学习任务。这种学习方式使学生能够根据自己的学习进度和理解程度来安排学习，增强了学生的学习主动性。同时，学生可以通过反复观看视频、查阅资料来深化对知识的理解，提高学习效果。

②个性化学习：翻转课堂允许学生根据自己的学习需求和兴趣来选择学习内容和学习方式。学生可以根据自己的节奏和方式来学习新知识，实现个性化学习。这种个性化的学习方式有助于激发学生的学习兴趣和动力，提高学习效果。

③强化师生互动与生生互动：翻转课堂将课堂时间主要用于学生的互动交

流和教师的针对性指导。在课堂上，学生可以通过小组讨论、互动问答等方式与同伴进行交流合作，共同解决问题。同时，教师也可以针对学生的问题进行有针对性的指导，帮助学生解决学习中的困难。这种互动式的学习方式有助于培养学生的沟通能力和团队协作精神，提高学生的综合素质。

④提高课堂学习效率：翻转课堂将新知识的学习放在课前进行，节约了课堂时间。在课堂上，教师可以针对学生的问题进行有针对性的讲解和指导，提高课堂学习效率。同时，学生也可以在课前通过观看视频、查阅资料等方式预习新知识，为课堂上的学习做好准备，提高课堂学习效果。

⑤培养学生自主学习能力：翻转课堂鼓励学生在课前自主学习新知识，培养了学生的自主学习能力。学生需要学会如何查找和筛选资料、如何理解和应用新知识等技能，这些技能对于学生的终身学习和发展具有重要意义。

⑥促进教学相长：翻转课堂要求教师在课前制作高质量的教学视频和资料，并在课堂上进行有针对性的指导。这促使教师不断更新教学理念和教学方法，提高教学水平和能力。同时，学生在课堂上提出的问题和反馈也可以帮助教师不断改进和完善教学内容和方式。这种教学相长的过程有助于提升教学质量和效果。

翻转课堂有助于提高学生的学习效果和综合素质，提升教学质量和效果。因此，在大学英语教学中推广翻转课堂模式具有重要的现实意义和价值。

（2）大学英语教学中翻转课堂的挑战

①技术挑战：翻转课堂需要依赖电子设备和网络连接来进行教学，这可能会受到技术设备和网络环境的限制。例如，如果学生的设备出现故障或网络连接不稳定，他们可能无法顺利观看教学视频或完成在线任务。此外，教师也需要掌握一定的视频制作和在线教学技能，以制作高质量的教学资源。

②教学设计和组织挑战：翻转课堂需要教师在课前投入大量时间来准备教学视频、学习资料和自测题目，这可能会增加他们的工作负担。同时，教师还需要设计有效的课堂活动，以促进学生的互动和合作。此外，翻转课堂也需要教师具备较高的课堂管理能力，以确保讨论的顺利进行和有效性。

③学生挑战：翻转课堂要求学生具备较强的自主学习能力和时间管理能力，能够独立完成课前的学习任务。然而，并非所有学生都具备这种能力，这可能会导致一些学生无法跟上教学进度。此外，一些学生可能会对在线学习产生抵触情绪或缺乏兴趣，这可能会影响他们的学习效果。

④评估挑战：在翻转课堂中，学生的学习成果主要通过在线测试和课堂表现来评估。然而，这种评估方式可能无法全面反映学生的学习情况和能力水平。因此，教师需要设计更加全面和有效的评估方式，以准确评估学生的学习成果。

翻转课堂在大学英语教学中具有许多优点，如个性化学习、增强师生互动与生生互动、提高学习效率等。然而，同时也面临着一些挑战，如技术挑战、教学设计和组织挑战、学生挑战以及评估挑战等。为了应对这些挑战，学校、教师和学生需要共同努力，提供必要的技术支持、培训和指导，并设计有效的教学策略和评估方式。

3. 翻转课堂在大学英语教学中的应用

翻转课堂这种教学模式旨在提高学生的自主学习能力、批判性思维能力和实际应用能力，同时促进师生之间的有效互动和个性化指导。翻转课堂在大学英语教学中的具体应用可以进一步细化为以下几个步骤和方面：

（1）课前准备阶段

①视频制作与发布

教学视频制作：教师根据课程内容制作教学视频。视频内容通常包括知识点讲解、例句分析、文化背景介绍等。视频长度一般控制在几分钟到十几分钟之间，以符合学生的注意力集中时间。

资料发布：除了教学视频，教师还会发布相关的学习资料，如 PPT、教材章节、在线文章等，供学生参考和学习。

②学生自主学习

观看视频：学生在课前通过观看教学视频，了解新知识点的基本概念和用法。

完成自测：学生观看视频后，通常需要完成一些自测题目，以检验自己的理解程度。

提出问题：学生在自学过程中遇到不理解或困惑的地方，可以记录下来，准备在课堂上与教师和同学讨论。

（2）课中互动阶段

①讨论与解答

小组讨论：学生分成小组，针对课前自学的内容进行讨论。每个小组可以分享自己的理解，讨论不同的观点，并尝试解答彼此的疑问。

教师解答：教师在这个阶段会巡视各个小组，解答学生提出的问题，并引导他们深入讨论。

②知识内化与应用

案例分析：教师提供真实的语言应用场景或案例，让学生尝试运用所学知识进行分析和讨论。

角色扮演：学生可以通过角色扮演的方式，模拟真实的英语交流场景，提高口语和听力能力。

③互动练习与反馈

互动练习：学生之间进行对话练习、写作练习等，以巩固和拓展所学知识。

即时反馈：教师可以通过观察学生的练习过程，给予即时反馈和建议，帮助他们改进。

（3）课后巩固与拓展阶段

①作业与复习

布置作业：教师会根据课堂内容布置相应的课后作业，如写作练习、阅读理解等，以巩固所学知识。

自我复习：学生可以根据自己的学习进度和需求，进行课后的自我复习和拓展学习。

②反思与评价

学习反思：学生反思自己在翻转课堂学习过程中的表现，总结自己的收获和不足。

多元评价：除了传统的作业和测试评价，还可以采用自我评价、同伴评价和教师评价相结合的方式，全面评价学生的学习效果。

（4）技术支持与环境营造

①技术支持

在线学习平台：利用在线学习平台发布视频、资料、作业等，方便学生随时随地进行学习。

学习管理工具：使用学习管理工具跟踪学生的学习进度、完成作业情况等，为个性化指导提供依据。

②环境营造

课堂氛围：创造一个积极、开放、包容的课堂氛围，鼓励学生大胆提问、自由讨论。

师生关系：建立平等、尊重的师生关系，让学生感受到教师是他们的学习伙伴和引导者。

4. 案例分析——以环保为主题，翻转课堂的实施过程

（1）课前准备阶段

①教学目标设定

确定教学目标，例如：让学生了解环保的重要性，掌握基本的环保知识和技能，以及激发他们参与环保行动的热情。

②教学资源制作与收集

教学视频制作：制作一系列短视频，每个视频聚焦一个环保主题，如"全球变暖的原因和影响""水资源的保护""日常生活中的环保行动"等。确保视频内容生动有趣，能够引起学生的兴趣。

资料收集：收集与环保主题相关的图片、文章、案例等，可以是国内外成功的环保案例、环保科技的创新成果等，供学生在课前自学时参考。

③学生自主学习

观看教学视频：教师提前将教学视频发布在学习平台上，学生根据自己的时间安排观看视频，并完成相应的自学任务。

阅读补充资料：学生根据教师提供的补充资料，深入了解环保的各个方面，为课堂上的讨论和互动做好准备。

（2）课中互动阶段

①导入与激发兴趣

教师通过展示一些令人震撼的环境问题图片或视频，激发学生的兴趣和关注，为接下来的学习做好铺垫。

②小组讨论与展示

学生被分成小组，每组选择一个环保议题进行深入讨论，如"如何减少塑料垃圾的产生""城市绿化的重要性"等。

每组准备展示内容，可以是PPT、视频、海报等形式，向全班展示他们的讨论成果和解决方案。

③互动练习与情景模拟

教师设计一些与环保主题相关的互动练习，如环保知识问答、环保技能挑战等，让学生在轻松的氛围中加深对环保的理解。

学生模拟真实的环保场景，如组织一场校园环保活动、设计一张环保产品等，通过角色扮演和实际操作，体验环保的重要性。

④教师总结与点评

教师对学生的展示和讨论进行总结归纳，强调环保的重要性和实践意义。

教师对学生的表现进行点评反馈，肯定学生的优点和进步，同时指出需要改进的地方，并提供具体的建议和指导。

（3）课后巩固与拓展阶段

①作业与复习

教师布置与环保主题相关的作业，如写一篇关于环保的文章、设计一张环保宣传海报等。这些作业旨在帮助学生巩固所学知识，同时提高他们的写作能力和创新能力。

学生完成作业后，可以在课堂上进行展示和分享，让其他同学也能从中受益。

②反思与评价

学生反思自己在翻转课堂学习过程中的表现，总结自己的收获和不足。通过反思，学生可以不断改进自己的学习方法和策略。

除了传统的作业评价外，还可以采用自我评价、同伴评价和教师评价相结合的方式，全面评价学生的学习效果。这种多元评价方式可以帮助学生更加全面地了解自己的学习情况，及时调整自己的学习方向。

③持续跟进与拓展

教师可以定期组织学生进行环保主题的实地考察或社区服务活动，如参观环保设施、参与环保清洁行动等。这些活动可以让学生亲身感受环保的实际效果，增强他们的环保意识和社会责任感。

教师还可以鼓励学生将所学环保知识应用到日常生活中，如进行垃圾分类、节约用水等。通过实际行动，学生可以将环保理念融入日常生活，为保护环境贡献自己的力量。

通过以上步骤的实施，以环保为主题的翻转课堂可以帮助学生深入了解环保的重要性和实践意义，提高他们的环保意识和行动能力。同时，这种教学方式也有助于培养学生的团队合作能力和创新思维，促进他们全面发展。

第三节　高校英语教学的实践基础

高职英语教学的实践基础涉及多个方面，包括学生需求分析、课程标准和教学大纲、教材选用与开发、教学方法与策略、课堂管理与评估以及教师专业发展等。这些基础共同构成了英语教学的基本框架和指导原则，为实际教学提供了有力的支持和保障，需要教师充分考虑学生的实际情况和需求，运用各种教学技巧和方法，提供丰富多样的学习材料和实践机会，同时关注自身的发展和教育领域的最新动态。

一、学情分析

在英语教学中，学情分析是一项至关重要的工作，它涉及对学生的背景、学习风格、兴趣爱好、英语水平等方面进行全面了解，以便教师能够根据学生的实际情况和需求进行有针对性的教学。

1. 学情分析的目的和意义

学情分析在教育领域中占据着举足轻重的地位。它不仅仅是一种简单的学生情况调查，更是教师了解学生学习状态、掌握学生学习动态、发现学生学习问题的重要途径。通过学情分析，教师可以更加清晰地认识到学生的学习起点、学习过程和学习结果，从而为接下来的教学活动提供有力的依据。

（1）学情分析有助于教师掌握学生的学习起点。每个学生的学习基础、学习习惯和兴趣爱好都有所不同，这决定了他们在学习新知识时的起点不同。通过学情分析，教师可以了解到学生的知识背景、技能水平和兴趣爱好，从而为他们量身定制合适的教学方案。例如，对于基础较差的学生，教师可以采用更加直观、生动的教学方式，帮助他们更好地理解新知识；对于基础较好的学生，教师可以设置更具挑战性的学习任务，激发他们的学习潜力。

（2）学情分析有助于教师了解学生的学习过程。在学习过程中，学生可能会遇到各种问题和困难，这些问题和困难如果不及时解决，可能会影响他们的学习效果。通过学情分析，教师可以及时了解到学生在学习过程中遇到的问题和困难，从而为他们提供及时的帮助和指导。此外，学情分析还可以帮助教师了解学生的学习习惯和方法，为他们提供更加个性化的学习建议，帮助他们提高学习效率。

（3）学情分析有助于教师评估学生的学习结果。通过学情分析，教师可以了解到学生的学习成果、学习进步和学习需求，从而为他们提供更加有针对性的教学反馈。这不仅可以帮助学生更好地认识自己的学习状况，找到自己的不足之处，还可以激发他们的学习动力，促进他们的全面发展。

综上所述，学情分析的主要目的是为了更好地了解学生的学习情况，优化教学方案，提高教学效果。通过学情分析，教师可以更加准确地把握学生的学习需求和学习特点，为他们提供更加个性化的教学服务。同时，学情分析还可以帮助教师及时发现问题、解决问题，提高教学质量和学生的学习效果。因此，在教育领域，学情分析是一项非常重要的工作，值得广大教师深入研究和应用。

2. 收集学情信息的途径和方法

收集学情是英语教学中的关键步骤，它有助于教师更全面地了解学生的需求、特点和学习风格，从而进行针对性的教学。以下是几种具体且实用的收集学情的方法：

（1）问卷调查：设计一份包含多个方面的问卷，如学生的英语学习背景、学习习惯、兴趣爱好、学习目标等。通过问卷，教师可以快速收集大量信息，对学生的整体情况有一个初步了解。

（2）个别访谈：挑选部分学生进行一对一的访谈，深入了解他们的学习动机、困惑和期望。这种方法能获取更具体、深入的信息，但可能耗时较长。

（3）观察记录：在课堂上观察学生的表现，记录他们的参与程度、反应速度、学习态度等。这种方法可以实时了解学生的学习状态，但需要教师具备敏锐的观察力。

（4）作业分析：定期收集和分析学生的作业，了解他们的学习进度和存在的问题。通过作业分析，教师可以发现学生的学习难点和弱点，为后续教学提供参考。

（5）英语水平测试：通过标准化的英语水平测试，了解学生的英语实际水平。这种方法可以客观、准确地评估学生的英语水平，为教学提供有力的依据。

（6）小组讨论：组织学生进行小组讨论，观察他们在小组中的表现和互动。这种方法可以了解学生在团队中的表现和协作能力，有助于教师针对性地培养他们的合作精神和沟通能力。

在收集学情时，教师应确保方法的多样性和灵活性，结合实际情况选择合适的方法。同时，教师还应注重保护学生的隐私和信息安全，确保收集到的信息能够得到有效利用。

3. 分析学情信息，找出问题和需求

在收集到学情信息后，教师需要对这些信息进行分析，找出学生的学习问题和需求。

（1）数据整理：首先，将收集到的学情信息进行整理，包括学生的英语成绩、课堂参与度、作业完成情况、学习态度等。确保数据完整、准确，为后续分析提供基础。

（2）数据对比：将学生的数据进行对比，包括不同学生之间的对比和同一学生不同时间段的对比。通过对比，可以发现学生在学习上的优势和不足，以及他们的进步和退步情况。

（3）问题识别：在数据对比的基础上，识别学生在学习上存在的问题。例如，有的学生可能语法知识掌握不扎实，有的学生可能口语表达能力较弱，还有的学生可能缺乏学习动力等。

（4）需求分析：根据识别出的问题，分析学生的具体需求。例如，对于语法知识不扎实的学生，他们需要更多的语法练习和讲解；对于口语表达能力较弱的学生，他们需要更多的口语练习和表达机会；对于缺乏学习动力的学生，他们需要更多的激励和引导。

（5）制定策略：根据分析出的问题和需求，制定针对性的教学策略。例如，可以设计专门的语法练习活动、组织口语角活动、设置激励机制等，以满足学生的不同需求。

（6）反馈与调整：在实施教学策略的过程中，定期收集学生的反馈意见，了解教学策略的效果，并根据实际情况进行调整。同时，也要持续关注学生的学习情况，及时发现问题并调整教学策略。

通过以上步骤，教师可以深入分析学情信息，找出学生在英语学习上存在的问题和需求，从而制定更加有针对性和有效的教学策略，提高教学效果。

4. 根据分析结果调整教学策略

在了解了学生的学习问题和需求后，教师应根据这些信息调整自己的教学策略，以满足学生的实际需求。假设在一个大学英语班级中，教师发现学生的英语水平参差不齐，有的学生基础较好，有的学生则较为薄弱。同时，学生们对英语口语和写作的兴趣较高，但对语法和词汇的学习感到较为困难。基于这些学情信息，教师制定了以下教学策略：

（1）首先，针对学生的英语水平差异，教师采用了分层教学的方法。对于基础较好的学生，教师提供了更高层次的阅读材料和学习任务，以挑战他们的语言能力和拓展他们的视野。对于基础较薄弱的学生，教师则设计了更多的基础练习和辅导，帮助他们巩固基础，逐步提高英语水平。

（2）其次，针对学生对口语和写作的兴趣，教师增加了口语练习和写作训练的机会。在课堂上，教师组织了小组讨论、角色扮演等互动活动，鼓励学生积极参与，提高他们的口语表达能力。同时，教师还布置了写作作业，通过写作训练帮助学生提升英语的书面表达能力。

（3）最后，针对学生对语法和词汇的困惑，教师采用了多种教学方法。例如，教师利用生动的例句和图表来解释复杂的语法规则，帮助学生理解并记忆。同时，教师还鼓励学生通过阅读、听力等方式积累词汇，提高词汇量。

通过以上教学策略的制定和实施，教师能够更好地满足学生的需求，提高教学效果。学生们在英语学习中也能够更加积极主动，取得更好的成绩。

5. 持续监控和评估学生的学习情况

学情分析不仅仅是一次性的工作，而是一个持续的过程。在教学过程中，教师应持续监控和评估学生的学习情况，了解他们的学习进展和困难，及时调整教学策略，以确保教学效果。同时，教师还应定期与学生进行沟通，了解他们的学习反馈和需求，以便进一步优化教学方案。

6. 案例分析——学情分析在英语教学中的应用

假设在一个大学英语班级中，教师发现学生们普遍具有较强的自主学习能力，他们喜欢独立探索和解决问题。同时，学生们对跨文化交流和文化差异的话题特别感兴趣。基于这些学情信息，教师制定了以下教学策略：

首先，为了充分发挥学生的自主学习能力，教师引入了翻转课堂的教学模式。在课前，教师提供相关的学习资料和视频，要求学生预习并准备相关的问题。课堂上，教师则组织学生进行小组讨论和展示，鼓励他们分享自己的见解和发现。通过这种方式，学生能够更加主动地参与到学习中，提高学习效果。

其次，针对学生对跨文化交流和文化差异的兴趣，教师设计了跨文化交流的主题活动。例如，教师邀请来自不同国家的外教或学生分享他们的文化习俗、生活方式等，并组织学生进行文化对比和讨论。此外，教师还可以布置与跨文化交流相关的项目或作业，让学生在实践中深入了解不同文化之间的差异和相似之处。

最后，为了增强学生的英语应用能力，教师鼓励学生在日常生活中多使用英语。例如，教师可以设立英语角或组织英语演讲比赛等活动，为学生提供更多的语言实践机会。同时，教师还可以推荐适合学生水平的英语读物、电影和网站等资源，帮助他们拓宽视野并提高英语水平。

通过以上教学策略的制定和实施，教师能够充分发挥学生的自主学习能力，满足他们对跨文化交流的兴趣，并提高他们的英语应用能力。这样的教学策略不仅能够激发学生的学习兴趣和动力，还能够培养他们的跨文化意识和全球视野。

学情分析在英语教学中具有至关重要的作用。通过深入了解学生的学习情况和需求，教师可以制定更加针对性和有效的教学方案，提高教学效果，满足学生的实际需求。同时，学情分析也是一个持续的过程，教师需要在教学过程中持续监控和评估学生的学习情况，及时调整教学策略，以确保教学质量。

二、课程设计

课程设计是一个系统性、计划性的教学活动，旨在根据特定的教育目标和学生需求，对某门学科或某个主题的教学内容、教学方法、教学资源等进行全面规划和设计。它是教育过程中的重要环节，对于提高教学质量、实现教育目标具有重要意义。

1. 课程设计的目标

课程设计的目标在于构建一个系统、连贯且符合教育标准的教学框架，以满足学生的学习需求和期望。它旨在确保学生在完成课程后能够掌握特定的知识和技能，同时培养他们的思维能力、创新能力和解决问题的能力。

（1）首先，课程设计要确保教学内容与教育目标相一致，使学生在学习过程中能够明确自己的学习目标，从而更有针对性地进行学习。其次，课程设计需要关注学生的个体差异和学习需求，提供多样化的教学内容和方法，以满足不同学生的学习风格和兴趣。

（2）课程设计还应注重培养学生的自主学习能力，使他们能够独立思考、自我管理和自我发展。通过课程设计，教师可以引导学生主动探索知识、发现问题并解决问题，培养他们的创新精神和实践能力。

课程设计的目标是构建一个全面、系统、科学的教学体系，为学生提供优质的教育资源和教学环境，促进他们的全面发展，并为他们的未来学习和职业生涯发展奠定坚实的基础。

2. 课程设计的原则

课程设计的原则是指导课程设计过程的核心价值观和准则，它们确保课程设计能够满足教育目标、学生需求以及教育环境的要求。

（1）以学生为中心：课程设计的首要原则是以学生为中心，意味着课程设计应充分考虑学生的年龄、兴趣、学习风格、先验知识和发展需求。课程应致力于满足学生的需求，激发他们的学习兴趣，并促进他们的全面发展。

（2）教育目标明确：课程设计需要明确具体的教育目标，这些目标应与教育政策、课程标准和学校的教育使命相一致。课程设计的每一个环节都应服务于这些目标，确保学生在完成课程后能够达成预期的学习成果。

（3）内容连贯与整合：课程内容应该连贯、整合，确保各个知识点之间的衔接和逻辑关系。课程设计应避免内容的重复和碎片化，提供系统、全面的知识体系，帮助学生建立完整的知识框架。

（4）适应性与灵活性：课程设计应具有一定的适应性和灵活性，能够适应不同学生的学习需求和变化的教育环境。课程应提供多种学习路径和选择，允许学生根据自己的兴趣和能力进行学习。

（5）注重实践与体验：课程设计应强调实践和体验，提供学生亲身参与、动手操作的机会。通过实践活动，学生能够更好地理解知识、掌握技能，并培养他们的创新思维和解决问题的能力。

（6）鼓励自主学习与合作学习：课程设计应鼓励学生自主学习和合作学习，培养他们的自主学习能力和团队协作精神。通过小组讨论、项目合作等学习方式，学生可以相互学习、分享经验，提高学习效果。

（7）注重评价与反馈：课程设计应建立科学、有效的评价体系，对学生的学习成果进行客观、公正的评价。同时，课程设计还应提供及时的反馈机制，让学生了解自己的学习状况，调整学习策略，促进学习的持续改进。

（8）利用技术与资源：课程设计应充分利用现代教育技术和资源，如信息技术、多媒体、网络等，提高教学效果和学习体验。技术和资源的应用应服务于学生的学习需求，促进教学的创新和发展。

（9）关注多元文化：课程设计应关注多元文化，尊重不同文化背景和价值观。课程应提供多样化的教学内容和案例，让学生了解不同文化之间的差异和相似之处，培养他们的跨文化意识和全球视野。

（10）持续改进与更新：课程设计是一个持续改进和更新的过程。教师应定期评估课程的效果和影响力，收集学生和利益相关者的反馈意见，对课程进行修订和完善。通过持续改进和更新，课程设计能够适应教育环境的变化和学生需求的变化，保持其活力和生命力。

课程设计的原则是构建一个全面、系统的指导框架，确保课程设计能够满足教育目标、学生需求以及教育环境的要求。这些原则为课程设计提供了明确的指导和方向，促进了教育的创新和发展。

3. 课程设计的步骤

课程设计的步骤是一个系统性、逻辑性和连贯性的过程，它涉及多个环节和要素，旨在确保课程的有效性和高质量。以下是课程设计的详细步骤，以及每个步骤的具体内容和重要性。

（1）需求分析

课程设计的第一步是进行需求分析。这包括对学生、教育机构和社会环境等方面的需求进行深入研究和理解。了解学生的年龄、背景、兴趣、先验知识和学习风格，以确定他们的学习需求和期望。同时，分析教育机构的教学目标、资源条件和教育政策，确保课程设计符合机构的整体发展方向。此外，还需要关注社会环境的变化和未来趋势，以便课程能够与时俱进，满足社会发展的需求。

（2）目标设定

在需求分析的基础上，设定明确、具体、可衡量的课程目标。这些目标应与教育政策、课程标准和学校的教育使命相一致，并围绕学生的认知、情感、技能和价值观等方面进行全面设计。课程目标应具有层次性和连贯性，从基础知识掌握到高级技能应用，形成一个完整的目标体系。

（3）内容选择与组织

根据设定的课程目标，选择和组织相关的教学内容。这包括确定要教授的知识点、技能点和情感态度等，以及这些内容的呈现顺序和逻辑关系。在选择内容时，应注重内容的科学性、实用性、趣味性和时代性，同时考虑学生的认知规律和学习特点。内容的组织应遵循由浅入深、由易到难、由已知到未知的顺序，逐步引导学生掌握知识和技能。

（4）教学方法与手段设计

针对选择的教学内容和学生特点,设计合适的教学方法和手段。这包括讲解、演示、讨论、实验、案例分析、项目学习等多种教学方法的应用,以及多媒体、网络、实物等教学辅助手段的使用。教学方法和手段的设计应旨在激发学生的学习兴趣和积极性,提高他们的学习效率和效果。同时,还需要考虑教学方法的多样性和灵活性,以适应不同学生的学习需求和变化的教学环境。

(5) 评价与反馈机制建立

设计科学的评价和反馈机制,对学生的学习成果进行客观、公正的评价,并提供及时的反馈和指导。这包括确定评价的标准、方法和周期,制定评价方案和工具,以及建立学生学习档案和反馈系统。通过评价和反馈,教师可以了解学生的学习状况和需求,调整教学策略和方法,促进教学的改进和优化。同时,学生也可以了解自己的学习进步和不足,调整学习策略和方法,提高自我监控和反思能力。

(6) 修订与完善

课程设计是一个持续改进和完善的过程。在实施过程中,教师需要定期收集学生和利益相关者的反馈意见,对课程进行修订和完善。这包括调整教学目标、内容、方法和评价方案等,以适应教育环境的变化和学生需求的变化。同时,教师还需要关注课程实施的效果和影响力,评估课程的优点和不足,提出改进建议和措施。通过修订和完善,课程设计能够保持其活力和生命力,不断提高教学质量和效果。

4. 案例分析——以"跨文化交流"主题为例的高校英语课程设计

在当今全球化的时代,跨文化交流能力已成为大学生必备的核心技能之一。因此,在大学英语课程中,设计一个以"跨文化交流"为主题的课程显得尤为重要。

(1) 需求分析

首先,我们需要分析学生的需求。对于大学生来说,他们普遍对跨文化交流感兴趣,希望了解不同文化之间的差异和相似之处,提高自己的跨文化交流能力。同时,考虑到学生的英语水平、学科背景和专业需求,我们需要设计一个既符合学生兴趣又能满足他们学术和职业发展的课程。

(2) 目标设定

基于需求分析,我们设定了以下课程目标:

培养学生的跨文化意识和全球视野,使他们能够更好地理解和适应多元文化环境。

提高学生的跨文化交流能力,包括口头和书面交流能力,使他们能够有效地与来自不同文化背景的人进行交流。

增强学生的英语应用能力,包括听力、口语、阅读和写作等方面,使他们能够流利地使用英语进行跨文化交流。

(3) 内容选择与组织

为了实现上述目标,我们选择了以下内容作为课程的核心部分:

跨文化交流的基本概念和原则,包括文化差异、文化冲突、文化适应等方面。

不同国家和地区的文化背景和习俗,包括历史、地理、宗教、价值观等方面。

跨文化交流中的口头和书面沟通技巧,包括非语言沟通、礼仪礼节、商务谈判等方面。

在内容组织上,我们按照由浅入深、由易到难的顺序进行安排,先从跨文化交流的基本概念入手,再逐步介绍不同文化背景下的具体内容和沟通技巧。同时,我们还注重内容的连贯性和系统性,确保各个知识点之间的衔接和逻辑关系。

(4) 教学方法与手段设计

针对选定的内容和学生特点,我们设计了以下教学方法和手段:

采用案例分析法,通过分析真实的跨文化交流案例,帮助学生深入理解跨文化交流的重要性和实际应用。

运用角色扮演法,让学生在模拟的跨文化交流场景中锻炼自己的口头交流能力。

结合多媒体和网络资源,提供丰富的学习材料和互动平台,激发学生的学习兴趣和积极性。

(5) 评价与反馈机制建立

为了评估学生的学习成果并提供及时的反馈,我们建立了以下评价和反馈机制:

制定明确的评价标准和方法,包括课堂表现、作业完成情况、小组讨论等方面。

定期收集学生的反馈意见,了解他们的学习需求和困难,及时调整教学策略和方法。

建立学生学习档案和成绩跟踪系统，以便教师更好地了解学生的学习进步和不足之处。

（6）修订与完善

在课程实施过程中，我们将定期修订和完善课程内容、教学方法和评价机制等方面。通过收集学生和利益相关者的反馈意见以及评估课程的效果和影响力，我们将不断改进和优化课程设计，以适应教育环境的变化和学生需求的变化。

以"跨文化交流"为主题的大学英语课程设计需要充分考虑学生的需求、教育目标和教学环境等因素。通过明确课程目标、选择合适的教学内容和方法、建立科学的评价和反馈机制以及持续改进和优化课程设计等方面的工作，我们可以构建一门既符合学生兴趣又能适合他们学术和职业发展的大学英语课程。

三、教学实施

教学实施是实现教学目标的中心阶段，它指的是教师将事先设计好的教学方案付诸实践的过程，涵盖了课堂内外的所有教学行为。这一过程需要教师根据学生的实际情况和反馈，灵活地调整教学方法和策略，以达到最佳的教学效果。

教学实施是实现教学设计目标的关键环节，它要求教师在实际教学中遵循教学设计的要求和原则，确保教学活动的有效性和高效性。同时，教学实施也是检验教学设计是否合理、是否有效的重要手段，通过实际教学过程中的反馈和评估，教师可以不断完善和优化教学设计。

此外，教学实施还涉及多个方面，如对学习氛围的营造、教学内容的呈现与表达、教学反馈信息的获得与调控等。这些方面都是教学实施过程中需要关注和重视的要素，它们对于提高教学效果和质量具有重要的作用。

教学实施是一个综合性、复杂性的过程，它需要教师在实践中不断探索和创新，以提高自身的教学能力和水平，为学生的全面发展提供有力的支持和保障。

1. 教学实施的作用

教学实施在教学活动中起着至关重要的作用，它不仅是实现教学目标的关键环节，也是提高学生学习效果和促进学生全面发展的重要保障。以下将详细阐述教学实施的作用。

首先，教学实施能够确保教学目标的实现。教师通过精心备课和灵活运用教学方法，将教学设计转化为实际的教学活动，使学生能够在课堂中获得知识和技能，达到预设的教学目标。教学实施是教师将教育理念和教学计划付诸实践的过程，它为学生的学习提供了有力的支持和指导。

其次，教学实施能够激发学生的学习兴趣和积极性。教师在教学实施中注重营造积极的学习氛围，采用多样化的教学方法和手段，激发学生的学习兴趣和好奇心。通过互动、讨论、实践等形式，学生能够更加主动地参与教学活动，提高学习效果和学习动力。

再次，教学实施能够培养学生的综合能力和素质。在教学实施过程中，教师不仅注重知识的传授，还注重培养学生的思维能力、创新能力、合作能力等综合素质。通过组织丰富多样的教学活动和实践项目，学生能够锻炼自己的能力和素质，为未来的学习和生活奠定坚实的基础。

最后，教学实施能够促进教师的专业发展和成长。教师在教学实施过程中需要不断反思和总结自己的教学经验和方法，探索更加有效的教学策略和手段。通过不断学习和进修，教师能够不断提升自己的教学水平和专业素养，为学生提供更加优质的教学服务。

教学实施不仅能够确保教学目标的实现，激发学生的学习兴趣和积极性，还能够培养学生的综合能力和素质，促进教师的专业发展和成长。因此，在教学过程中，教师需要注重教学实施的细节和实效性，不断提高自己的教学水平和能力，为学生提供更加优质的教学服务。

2. 教学实施的主要环节

教学实施的重要环节包括备课、上课、作业的布置与批改以及课外辅导等方面。这些环节相互关联、相互作用，共同构成了完整的教学实施过程。在每个环节中，教师都需要注重细节和实效性，以确保教学活动的有效性和高效性。

（1）课前准备

课前准备，也称为备课，是教学成功的重要保障。在这一阶段，教师需要做好几方面的准备工作：

• 了解学生特点：教师需要深入了解学生的年龄、背景、兴趣、先验知识、学习习惯以及可能存在的困难，以便设计适合学生的教学内容和方法。

• 研究教材内容：教师需要仔细研读教材，理解知识的结构和内在联系，确定教学的重难点，并思考如何将这些内容有效地传递给学生。

• 制定教学目标：基于对学生和教材的理解，教师需要制定明确、具体、可衡量的教学目标，为整个教学过程提供方向。

• 设计教学过程：教师需要精心设计教学环节，包括导入、新课讲解、练习、总结等，确保每个环节都能有效地支持教学目标的实现。

• 准备教学资源：教师还需要准备必要的教学资源，如课件、教具、实验器材等，以丰富教学手段，提高教学效果。

（2）课堂导入

课堂导入是教学过程的开始，其目的在于激发学生的学习兴趣和好奇心，为新知识的学习做好铺垫。有效的课堂导入应该具备以下几个特点：

• 吸引注意力：通过有趣的问题、生动的情境或引人入胜的故事等方式，迅速吸引学生的注意力。

• 建立联系：将新知识与学生的已有经验或现实生活情境联系起来，帮助学生建立新旧知识之间的联系。

• 明确目标：简要说明本节课的学习目标，使学生明确学习任务和方向。

（3）知识讲解与呈现

知识讲解与呈现是教学过程中最为核心的环节。在这一阶段，教师需要做到以下几点：

• 清晰讲解：用准确、简洁的语言讲解知识，注重逻辑性和条理性，确保学生能够理解并掌握所学内容。

• 多样化呈现：除了口头讲解外，教师还可以使用图表、动画、实物等多种方式呈现知识，使抽象的知识具体化、形象化。

• 重点突出：着重强调知识的重点和难点部分，通过反复强调、举例说明等方式加深学生的印象。

• 及时反馈：在讲解过程中关注学生的反应和表现，及时调整讲解方式和速度，确保学生能够跟上教学进度。

（4）互动与交流

互动与交流是教学过程中的重要环节，它有助于激发学生的学习兴趣和积极性，提高教学效果。在这一环节，教师可以采用以下策略：

• 提问策略：通过提问引导学生思考、回答问题，检查他们的理解程度和学习效果。

- 小组讨论：组织学生进行小组讨论或合作学习活动，促进他们之间的交流与合作。
- 分享与展示：鼓励学生分享自己的观点、成果或作品，培养他们的自信心和表达能力。
- 及时反馈与评价：对学生的表现给予及时的反馈和评价，指出优点和不足之处，并提出改进建议。

（5）课堂练习与巩固

课堂练习与巩固是帮助学生消化、吸收新知识的重要环节。在这一阶段，教师需要设计有针对性的练习题或活动，让学生在实践中运用所学知识解决问题。同时，教师还需要关注以下几点：

- 练习题的难度和数量要适中：既要确保学生能够完成练习任务，又要避免过度负担导致疲劳或厌学情绪。
- 及时巡视指导：在学生练习过程中巡视指导，发现问题及时纠正并给予帮助。
- 鼓励多样化解题方法：鼓励学生尝试不同的解题方法或思路，培养他们的创新思维和解决问题的能力。
- 收集反馈信息：通过课堂小测验、学生自评互评等方式收集反馈信息，了解学生的学习效果以便及时调整教学策略。

（6）课堂总结与评价

课堂总结与评价是教学过程的最后环节。在这一阶段，教师需要做好以下几方面的工作：

- 总结本节课内容：对本节课所学内容进行简要回顾和总结，帮助学生梳理知识点并加强记忆。
- 评价学生学习情况：通过提问、小测验等方式评价学生对本节课内容的掌握情况，为后续教学提供参考依据。
- 布置课后作业：根据本节课的学习内容和目标布置适当的课后作业或拓展任务，以巩固和深化所学知识。
- 反思与改进：对自己的教学过程进行反思和总结，发现不足之处并制定改进措施以提高教学质量。

（7）课外辅导

课外辅导是教学实施的补充和延伸环节。在课外辅导中，教师可以针对学生的个性化需求和学习困难提供有针对性的指导和帮助。课外辅导可以采取多种形式，如个别辅导、小组辅导、答疑等。通过课外辅导，教师可以帮助学生解决学习中的问题和困难，提高学生的学习效果和学习兴趣。同时，课外辅导还有助于建立师生之间的良好沟通和信任关系，为后续教学奠定坚实的基础。

3. 案例分析——以食宿为主题的大学英语课的课前导入

大学英语课程通常涵盖了各种主题，旨在提高学生的语言技能和文化意识。其中，食宿作为大学生活的重要组成部分，是一个既实用又富有文化内涵的主题。在围绕食宿主题进行大学英语教学时，精心设计的课堂导入策略能够迅速吸引学生的注意力，激发他们的学习兴趣，为后续的深入学习奠定良好的基础。

课堂导入是教学活动的开始，它对于整节课的效果起着至关重要的作用。一个成功的导入不仅能够吸引学生的注意力，还能够激发学生的好奇心，使他们更加积极地参与到课堂中来。在食宿主题的大学英语课程中，导入策略的选择尤为重要，因为它能够帮助学生快速进入学习状态，了解本节课的学习目标和内容，为后续的学习做好准备。

（1）情境模拟导入

教师可以根据食宿主题创建一个真实的或虚构的情境，让学生参与其中。例如，教师可以扮演一名留学生，向学生询问关于学校食堂或周边餐馆的信息。通过模拟真实的对话场景，教师可以引导学生谈论他们的饮食喜好、食堂的菜品、餐馆的选择等话题，从而自然地引出本节课的学习内容。

（2）视频导入

教师可以准备一段与食宿主题相关的视频，如介绍学校食堂的短片或一段关于留学生活中食宿文化的视频。通过播放视频，教师可以让学生直观地了解食宿文化的多样性，激发他们对这一主题的兴趣。在视频播放后，教师可以引导学生讨论视频中的内容，如食堂的环境、菜品的种类等，从而引出本节课的学习重点。

（3）图片导入

教师可以展示一系列与食宿主题相关的图片，如学校食堂的菜单、餐馆的招牌菜、不同国家的饮食文化等。通过展示图片，教师可以让学生快速了解本节课的学习内容，并激发他们的好奇心。在展示图片后，教师可以引导学生讨论图片中的内容，如菜品的口味、食材的来源等，从而引出本节课的学习目标。

（4）角色扮演导入

教师可以组织学生进行角色扮演活动，让他们分别扮演留学生和食堂工作人员或餐馆老板。通过模拟真实的对话场景，学生可以亲身体验到在食堂或餐馆中可能遇到的交流情境。角色扮演活动不仅可以提高学生的口语表达能力，还能够加深他们对食宿文化的理解。在角色扮演后，教师可以引导学生分享他们的经历和感受，从而引出本节课的学习重点。

（5）问题导入

教师可以提出一些与食宿主题相关的问题，让学生思考并回答。这些问题可以是关于饮食文化的差异、食堂菜品的评价、餐馆的选择等。通过提问，教师可以激发学生的学习兴趣和好奇心，使他们更加积极地参与到课堂中来。在回答问题后，教师可以引导学生进一步讨论和探究相关话题，从而引出本节课的学习内容。

（6）文化背景导入

教师可以简要介绍与食宿主题相关的文化背景知识，如不同国家的饮食文化、餐具的使用等。通过介绍文化背景知识，教师可以帮助学生更好地理解食宿文化的多样性和差异性。在介绍文化背景后，教师可以引导学生讨论不同文化背景下的饮食习惯和礼仪规范，从而引出本节课的学习目标。

在大学英语的食宿主题课程中，采用多样化的课堂导入策略能够激发学生的学习兴趣和好奇心，使他们更加积极地参与到课堂中来。这些导入策略不仅能够帮助学生快速进入学习状态，还能够加深他们对食宿文化的理解。因此，教师在设计课堂导入时应该充分考虑学生的需求和兴趣点，选择最适合的导入策略来提高学生的学习效果和课堂参与度。

通过精心设计的课堂导入策略，教师可以将学生的注意力迅速转移到食宿主题上来，为后续的学习奠定良好的基础。同时，这些导入策略还能够培养学生的跨文化意识和语言技能，为他们的全面发展提供有力的支持。因此，在大学英语教学中，教师应该重视课堂导入的设计和实施，确保每一节课都能够达到最佳的教学效果。

四、教学评估

教学评估是指依据一定的教学目标与教学规范标准，通过对学校教与学等教学情况的系统检测与考核，评定其教学效果与教学目标的实现程度，并作出相应的价值判断以期改进的过程。这是一个包含一系列步骤与方法的活动过程，有明确的目的，并与预定目标作比较。它伴随着检测、考核等活动，以搜集、分析、处理、评估信息，最终用一定的价值标准对学校的教学情况进行价值判断，品评优劣，以助决策。

教学评估的对象分为教学及学习两部分，方法主要包括课堂观察、作业评定、测验和问卷调查等。教学评估是对教学效果进行检验的一种必不可少的手段，是构成整个教学过程的一个重要的有机组成部分。现代教育的发展越来越重视教学评估，它已成为现代教育的一个重要方面和基础。

1. 教学评估的作用

在大学英语教学中，教学评估发挥着至关重要的作用。它不仅是对教学质量的检验，更是对教学方法、学生学习成果和教学效果的全面考量。通过科学、合理的教学评估，教师可以及时调整教学策略，提高教学效果，同时也有助于激发学生的学习动力，提升他们的英语水平。具体如下：

（1）诊断学生的学习状况：教学评估可以帮助教师了解学生对英语知识和技能的掌握程度，包括听、说、读、写等方面。通过测验、作业、课堂表现等方式，教师可以获得关于学生学习困难和需求的反馈信息，从而有针对性地调整教学方法和内容，以满足学生的学习需求。

（2）改进教学方法和内容：教学评估不仅是对学生学习成果的检验，也是对教师教学方法和内容的反馈。通过评估结果，教师可以了解哪些教学方法和内容对学生有效，哪些需要改进。这有助于教师不断优化教学策略，提高教学效果。

（3）激发学生的学习动力：教学评估可以为学生提供明确的学习目标和反馈。当学生知道自己的学习表现将被评估时，他们可能会更加努力地学习，以取得更好的成绩。此外，通过评估结果的反馈，学生可以了解自己的优点和不足，从而调整学习策略，提高学习效率。

（4）促进教学相长：教学评估是一个双向的过程，既评估学生的学习成果，也评估教师的教学效果。在这个过程中，教师和学生都可以从评估结果中获得有益的反馈，从而相互促进、共同提高。这种教学相长的氛围有助于提升整体的教学质量。

（5）为学校管理提供依据：教学评估的结果可以为学校管理层提供关于教学质量、教师表现、学生需求等方面的信息。这些信息有助于学校制定更合理的教学计划和政策，优化资源配置，提高教育教学的整体水平。

综上所述，教学评估在大学英语教学中具有诊断学生学习状况、改进教学方法和内容、激发学生学习动力、促进教学相长以及为学校管理提供依据等具体作用。这些作用共同构成了教学评估在大学英语教学中的重要地位。

2. 教学评估的常见方式

大学英语教学中教学评估的方法多种多样，每种方法都有其特定的目的和适用范围。以下将详细介绍几种常见的教学评估方法，并探讨它们在大学英语教学中的应用。

（1）形成性评估（Formative Assessment）

形成性评估是一种持续的过程，旨在监控学生的学习进展并提供及时的反馈，以便教师和学生能够调整教学策略和学习方法。在大学英语教学中，形成性评估通常包括课堂观察、学生作业分析、小组讨论、学生自我评估和同伴评估等。

• 课堂观察：教师可以通过观察学生在课堂上的表现来评估他们的学习情况。例如，教师可以观察学生的参与度、注意力集中程度、回答问题的准确性等方面。

• 学生作业分析：教师可以通过分析学生的作业来了解他们对课堂知识的理解和掌握程度。作业可以包括课后习题、作文、翻译等。

• 小组讨论：教师可以组织学生进行小组讨论，以评估他们的协作能力、沟通能力以及问题解决能力。

• 学生自我评估和同伴评估：学生可以对自己的学习情况进行自我评估，同时也可以相互评估。这有助于提高学生的自我认知能力和批判性思维。

（2）总结性评估（Summative Assessment）

总结性评估是在一个教学阶段结束后进行的评估，旨在评价学生的学习成果和教学目标的达成情况。在大学英语教学中，总结性评估通常包括期末考试、课程论文、项目报告等。

• 期末考试：期末考试是一种常用的总结性评估方式，可以全面评估学生对整个学期所学内容的掌握情况。

• 课程论文：教师可以要求学生撰写课程论文，以评估他们对某个主题或问题的深入理解程度和分析能力。

• 项目报告：学生可以通过完成一个项目并提交报告来展示他们的实践能力和创新能力。

（3）自我评价和同伴评价（Self-assessment and Peer-assessment）

- 自我评价和同伴评价是两种重要的学生参与评估的方式。它们不仅可以提高学生的自我认知能力和批判性思维，还可以促进学生之间的合作和交流。
- 自我评价：学生可以通过自我评价来反思自己的学习过程和成果，发现自己的优点和不足，并制定改进计划。
- 同伴评价：同伴评价可以让学生相互评估彼此的作业、作品或表现。这有助于培养学生的批判性思维和合作能力，同时也可以让他们从他人的作品中学习到新的知识和技能。

（4）量化评估和质性评估（Quantitative Assessment and Qualitative Assessment）

量化评估和质性评估是两种不同类型的评估方法，它们在大学英语教学中各有优势。

- 量化评估：量化评估通常使用数值或统计数据来评估学生的学习成果。例如，教师可以使用分数或百分比来评估学生的作业成绩或考试成绩。量化评估的优点是客观、准确、易于比较和分析。然而，它可能过于关注数量而忽视了质量，且可能受到测量工具和方法的影响。
- 质性评估：质性评估则强调对学生学习成果的描述和解释，通常使用文字、图片、音频或视频等形式来呈现。例如，教师可以要求学生提交一份关于某个主题的反思报告或演示文稿。质性评估的优点是能够更全面地了解学生的学习过程和成果，揭示学生的思考方式和学习策略。然而，它可能受到主观性和评估者偏见的影响，且难以进行量化和比较。

在实际应用中，教师应根据具体的教学目标和学生的实际情况选择合适的评估方法。同时，他们也可以将多种评估方法结合起来使用，以更全面地评估学生的学习成果和进步。此外，教师还应注意评估的公正性、客观性和有效性，避免过度强调分数或排名等单一指标，而是应关注学生的全面发展和进步。总之，教学评估在大学英语教学中起着至关重要的作用。通过选择合适的方法和工具进行评估，教师可以更好地了解学生的学习情况和需求，调整教学策略和方法，提高教学效果和质量，这将有助于促进大学英语教学的不断发展和提高。同时，学生也可以通过参与评估过程来反思自己的学习过程和成果，发现自己的优点和不足并制定改进计划。

3. 案例分析——以"职业选择"为主题的大学英语课堂教学评估

（1）评估背景及目的

在现代社会，职业选择对于大学生来说至关重要。它不仅关系到个人的未来发展，也体现了社会的需求和趋势。因此，大学英语课堂也开始关注学生的职业选择，旨在通过英语教学帮助学生更好地了解不同职业的需求和特点，提升他们的职业竞争力。为了评估这一主题的教学效果，本次评估以"职业选择"为主题，对大学英语课堂进行了深入的教学评估，旨在了解大学英语课堂在职业选择英语教学方面的现状，评估其教学效果，发现存在的问题和不足，并提出相应的改进建议，以更好地满足学生的职业选择需求和社会的发展。

（2）评估方法

• 课堂观察：针对涉及职业选择主题的英语课程进行现场观察，重点评估教师的教学方法、教学内容以及学生的参与情况。

• 学生问卷：设计问卷，了解学生对职业选择英语课程的兴趣、对未来职业的期望以及对教学内容的掌握程度。

• 教师访谈：对参与评估的教师进行深度访谈，了解他们在职业选择英语教学中的挑战、经验和方法。

• 职业导师反馈：邀请具有丰富职业经验的导师提供对学生职业选择英语能力的反馈，以了解实际应用效果。

（3）评估过程

• 课堂观察：

准备阶段：提前了解课程大纲和教学目标，确定观察的重点和要点，评估小组选择三节涉及职业选择主题的英语课进行观察。

现场观察：全程参与课程，记录教师的教学方法、课堂互动和学生参与度。特别关注教师如何结合职业选择主题进行英语教学，如是否引入了行业案例、职场对话等。

观察总结：课后整理观察记录，分析教师的教学方法、学生的反应和课堂的氛围等。观察发现，大部分教师能够结合不同职业的特点进行教学，注重培养学生的职业英语沟通能力，但部分课堂仍存在教学内容单一、缺乏实际案例分析的问题。

• 学生问卷：

问卷设计：设计包含多个选择题和开放性问题的问卷，确保问题涵盖学生对课程的兴趣、内容、教学方法等方面的评价。

问卷发放与回收：在课程结束后，将问卷发放给学生，并说明填写要求，确保问卷的匿名性，以鼓励学生真实反映自己的意见和建议，共发放了250份问卷，回收了230份有效问卷。

数据分析：对回收的问卷进行数据分析，统计各项评价的比例和趋势，特别关注学生对课程内容与实际职业需求契合度的评价。结果显示，大部分学生对职业选择英语课程感兴趣，认为这对他们的未来职业选择有帮助，但也有部分学生反映，教学内容与他们的实际需求存在一定的差距。

• 教师访谈：

访谈准备：提前与教师沟通，确定访谈的时间和地点。准备访谈提纲，明确访谈的目的和重点。评估小组对8位英语教师进行了访谈。

深入交流：在访谈中，鼓励教师分享在职业选择英语教学中的实践经验、挑战和心得，特别关注教师如何设计教学内容、选择教学方法以及如何评估学生的职业英语能力。

访谈总结：整理访谈记录，提炼教师的观点和建议。结合课堂观察和学生问卷的数据，分析教师在职业选择英语教学中的优势和不足。教师们普遍认为，职业选择英语教学需要更多地关注学生的实际需求，同时也需要不断更新教学方法和内容，以更好地满足学生的需求。

• 职业导师反馈：

合作邀请：与15位职业导师进行沟通，让他们参与评估并提供反馈。

学生评估：请职业导师根据学生的表现，评估他们在行业术语、职场文化、职业沟通等方面的能力。

反馈分析：整理和分析职业导师的反馈，评估小组了解到，学生在职业选择英语方面仍有一定的提升空间，特别是在行业术语和职场文化方面。结合其他评估方法的结果，提出针对性的改进建议。

（4）评估结果及建议

结果：大学英语课堂在职业选择英语教学方面取得了一定的成效，但教学内容、教学方法以及与实际需求的契合度等方面仍有待改进。

建议：加强与职业导师的合作，引入更多的实际职业案例和行业术语，使教学内容更加贴近实际需求。鼓励教师创新教学方法，如引入角色扮演、模拟面试等教学活动，提高学生的实际沟通能力。定期收集学生的反馈意见，及时调整教学内容和方法，确保满足学生的实际需求。加强与企业的合作，为学生提供更多的实践机会，让他们在实际操作中提升职业英语能力。

（5）总结

通过本次以"职业选择"为主题的大学英语课堂教学评估，我们深入了解了职业选择英语教学的现状和挑战。通过改进教学内容、方法和实践机会，我们有望更好地满足学生的职业选择需求和社会的发展，为他们的未来职业发展提供有力的支持。

第四节　高校英语教学的资源与技术

英语教学的资源与技术，是提升教学效果、推动教育改革的重要手段。随着科技的进步和教育理念的创新，这两者在教学中的地位日益凸显。

1. 教学资源与技术的内涵

教学资源，是英语教学中的基础要素。它涵盖了教材、多媒体课件、网络学习平台等多个方面。优质的教学资源能够为学生提供丰富、多样的学习材料，使他们在多样化的学习环境中，能更好地掌握英语知识。例如，多媒体课件可以通过生动的图像、音频和视频，激发学生的学习兴趣，提高他们的学习效率。而网络学习平台则可以为学生提供海量的学习资源，帮助他们随时随地地进行自主学习。

与此同时，教学技术也是英语教学不可或缺的一部分。它包括了教学方法、教学手段、教学评价等多个方面。现代教学技术注重学生的主体性，强调学生的参与和合作。例如，任务型教学法、情境教学法等，都能够让学生在实践中学习英语，提高他们的语言应用能力。而现代化的教学手段，如智能教学系统、在线课堂等，则能够为学生提供更加便捷、高效的学习方式。

教学资源与技术的融合，为英语教学带来了无限的可能性。充分利用这些资源和技术，教师可以创造出更加生动、有趣的教学环境，激发学生的学习兴趣，提高他们的学习效果。同时，这种融合也能够推动英语教学的个性化、差异化发展，满足不同学生的学习需求。

2. 教学资源和技术如何推动英语教学改革

教学资源和技术在推动英语教学改革中起到了至关重要的作用。随着科技的进步和教育理念的创新，英语教学资源和技术得到了极大的丰富和发展，为英语教学改革提供了有力的支持。

首先，教学资源和技术为英语教学提供了更加多样化的学习方式。传统的英语教学主要依赖于教材和课堂教学，而现代教学资源和技术则为学生提供了多样化的学习方式，如在线学习、移动学习、自主学习等。这些新的学习方式不仅使学习更加灵活和便捷，还能够激发学生的学习兴趣和积极性，改良学习效果。

其次，教学资源和技术为英语教学提供了更加丰富的教学内容和手段。现代教学资源和技术使得英语教师可以通过多媒体课件、视频、音频等多种方式呈现教学内容，使教学更加生动、形象、有趣。同时，这些资源和技术还为教师提供了更加丰富的教学手段和工具，如在线评估、智能教学系统等，使教学更加科学、高效。

此外，教学资源和技术还为英语教学提供了更加个性化的教学方式。传统的教学方式往往难以满足不同学生的需求，而现代教学资源和技术则可以根据学生的学习情况和兴趣爱好，为他们提供更加个性化的教学方式和内容。这种个性化的教学方式能够更好地满足学生的需求，提高学习效果，并促进学生的全面发展。

最后，教学资源和技术还为英语教学提供了更加科学的评估方式。传统的英语教学评估主要依赖于纸笔测试和课堂表现，而现代教学资源和技术则可以通过在线评估、数据分析等方式，更加全面、客观地评估学生的学习情况和能力水平。这种科学的评估方式能够为教师提供更加准确的教学反馈，帮助他们更好地调整教学策略和方法，提升教学效果。

教学资源和技术在推动英语教学改革中起到了至关重要的作用。它们为英语教学提供了更加多样化的学习方式、更加丰富的教学内容和手段、更加个性化的教学方式以及更加科学的评估方式，为英语教学改革提供了有力的支持。在未来的发展中，我们应该继续加强教学资源和技术的研究和应用，为英语教学改革注入新的活力和动力。

一、在线课程

在线课程，也被称为网络课程或者远程课程，是一种基于互联网的学习模式。它利用网络平台提供教育资源和学习支持服务，使学习者可以在任何时间、任何地点通过网络进行学习。在线课程的出现，极大地改变了传统的学习方式，为学习者提供了更加灵活、便捷的学习途径。

在线课程通常包括录播课程和直播课程两种形式。录播课程是提前录制好的课程，学习者可以随时观看；而直播课程则是实时进行的，学习者可以与教师进行互动。在线课程的内容丰富多样，涵盖了各个学科领域，包括语言学习、技能培训、兴趣爱好等。

1. 在线课程的特性

在线课程与传统课程相比，具有以下几个独特之处：

· 灵活性：在线课程提供了极高的灵活性，允许学生根据自己的时间、地点和学习进度进行学习。这种灵活性使得学生可以更好地平衡学习与其他生活责任，如工作、家庭等。同时，学生也可以随时随地访问在线资源，进行复习或深入学习。

· 个性化学习：在线课程通常允许学生根据自己的兴趣、需求和能力水平选择适合自己的课程和学习路径。此外，一些在线平台还提供了个性化推荐系统，根据学生的学习历史和表现，推荐适合他们的课程和资源。

· 互动性和社交性：虽然在线课程是远程的，但它们通常都具备丰富的互动功能，如在线讨论、实时问答、小组合作等。这些功能让学生能够与教师和其他学生进行交流，分享观点和经验，增强学习效果。

· 丰富的学习资源：在线课程通常提供了丰富的学习资源，包括视频讲座、电子书、在线实验、模拟考试等。这些资源不仅数量庞大，而且类型多样，能够满足学生多样化的学习需求。

· 自主学习：在线课程鼓励学生进行自主学习，培养他们的问题解决能力和批判性思维。在这种学习模式下，学生需要主动探索知识，解决问题，而不是被动地接受教师的灌输。

· 可重复性和可持续性：在线课程的内容通常都可以反复访问和学习，这使得学生可以重复学习难以理解的概念或技能。此外，随着技术的不断进步，许多在线课程都采用了可持续的设计理念，减少了对环境的影响。

虽然在线课程具有许多独特之处和优势，但它们也存在一些挑战和限制。例如，网络连接的稳定性、学习资源的质量、学生的自律性等都可能影响在线课程的学习效果。因此，在选择和使用在线课程时，学生和教师需要综合考虑这些因素，以确保学习的有效性和质量。

2. 在线课程的教学资源

在线课程通常包含多种教学资源，如微课视频、课件、习题、在线测试以及互动讨论等。

（1）微课视频

碎片化教学视频：按照知识点或技能点进行切分，每个视频针对一个具体的内容进行讲解，方便学生按需学习。

课程介绍视频：对整门课程进行概述，介绍课程目标、学习内容、教学方法等。

实验演示视频：对于一些需要实验操作的课程，提供实验演示视频，帮助学生理解和掌握实验步骤和技巧。

（2）课件

PPT幻灯片：包含课程的主要内容和关键点，有助于学生快速了解课程结构和框架。

课程大纲：列出课程的主要章节和关键知识点，为学生提供一个清晰的学习路径。

讲义或笔记：详细讲解每个知识点的具体内容，可以作为学生的学习参考资料。

（3）习题

选择题、填空题、简答题等：针对课程中的关键知识点设计习题，帮助学生巩固所学内容。

案例分析：提供实际案例，要求学生进行分析和讨论，培养学生的实际应用能力。

项目作业：对于一些实践性强的课程，可能要求学生完成一个完整的项目或任务，以检验学生的综合应用能力。

（4）在线测试

单元测试：在每个知识点或章节结束后进行小测验，检验学生对该部分内容的掌握情况。

期中/期末考试：对整个课程内容的全面检验，评估学生的学习成果。

（5）互动讨论

问题解答区：学生可以在此提出学习中遇到的问题，教师和同学可以共同解答。

学习交流区：学生可以在此分享学习心得、讨论课程相关内容、互相鼓励和支持。

教师公告区：教师在此发布课程更新、通知、答疑等信息，确保学生及时了解课程动态。

除了以上教学资源外，一些在线课程还可能提供如课程日历、学习进度追踪、学习建议等额外功能和服务，以帮助学生更好地规划和管理自己的学习过程。

3. 英语在线课程设计与实施

为了满足不同学生的学习需求，英语在线课程可以从以下几个方面进行具体的设计和实施。

（1）多样化的教学内容

• 不同难度级别的课程：设计初级、中级和高级课程，以满足从初学者到高级学习者的不同需求。

• 专题课程：针对特定的主题或领域（如商务英语、旅游英语、文化英语等）提供专门的课程，让学生根据兴趣选择。

• 多样化的练习形式：包括听力、口语、阅读、写作等不同类型的练习，以全面提高学生的英语能力。

（2）个性化的学习路径

• 智能推荐系统：根据学生的学习历史、成绩和兴趣，为他们推荐合适的课程和资源。

• 自定义学习计划：允许学生根据自己的学习目标和时间制定个性化的学习计划。

• 学习进度追踪：平台自动记录学生的学习进度和成绩，让他们随时了解自己的学习情况。

（3）灵活的学习进度

• 自主选择课程：学生可以根据自己的需求和时间安排选择学习的课程。

• 自主安排学习进度：学生可以根据自己的节奏和进度进行学习，不受固定时间表的限制。

• 学习提醒与反馈：平台可以提供学习提醒和进度反馈，帮助学生保持学习动力和效率。

（4）实时互动与答疑

・在线讨论区：设置专门的讨论区，供学生和教师进行实时交流和讨论。

・实时问答功能：允许学生在课程学习过程中随时提问，并获得教师的即时回答。

・小组合作活动：组织学生进行小组合作学习活动，促进彼此之间的交流和合作。

（5）多样化的评估方式

・在线测试与评估：设计各种在线测试和评估工具，全面评估学生的英语能力。

・作业提交与批改：要求学生提交作业并进行批改，以了解他们的学习成果和需要改进的地方。

・口语与写作评估：提供口语和写作评估服务，帮助学生提高口语和写作能力。

（6）技术支持与学习辅导

・操作指南与帮助：提供详细的课程平台操作指南和帮助文档，帮助学生快速熟悉平台的使用。

・学习技巧与建议：分享有效的学习技巧和建议，帮助学生提高学习效率。

・技术支持团队：建立专业的技术支持团队，解答学生在使用平台过程中遇到的问题。

通过以上具体的设计和实施策略，英语在线课程可以更好地满足不同学生的学习需求，提高学习效果和学习动力。同时，这也需要持续投入精力进行课程内容和教学方式的优化和改进。

然而，在线课程也存在一些挑战和限制。首先，学习者需要具备一定的自主学习能力和自我管理能力，以确保能够按照计划完成学习任务。其次，由于网络环境的复杂性和不确定性，学习者可能会遇到网络连接不稳定、学习资源不丰富等问题。此外，一些在线课程可能存在质量问题，如教学内容不准确、教学方法不当等，这也会影响学习者的学习效果。

总的来说，在线课程是一种灵活、便捷的学习方式，它为学习者提供了更多的学习选择和学习途径。随着网络技术的不断发展和在线教育的不断完善，相信在线课程将会在未来发挥更加重要的作用。

4. 微课在高校英语教学中的应用实例——"中国传统节日"

在全球化的背景下，英语教育不仅关注语言技能的培养，还注重跨文化交际能力的培养。中国传统节日作为中华文化的重要组成部分，为英语教学提供了丰富而宝贵的资源。微课作为一种创新的教学形式，能够灵活、生动地展示中国传统节日的魅力，从而在英语教学中发挥重要作用。

（1）传统节日文化介绍

微课可以作为传递中国传统节日文化知识的有效载体。教师可以制作一系列关于中国传统节日的微课，如春节（the Spring Festival）、中秋节（the Mid-Autumn Day）、端午节（the Dragon Boat Festival）等，介绍每个节日的历史背景、起源、传说故事以及文化内涵。例如，在制作关于春节的微课时，可以介绍春节的起源、年兽的传说、贴春联和放鞭炮的习俗等，让学生全面了解春节的文化内涵。

（2）节日习俗展示

微课可以通过视频、图片等形式展示中国传统节日的庆祝方式和习俗，使学生更加直观地了解节日氛围和习俗。例如，在制作关于中秋节的微课时，可以展示月饼的制作过程、赏月的场景以及家人团聚的温馨画面，让学生感受到中秋节的浓厚氛围。

（3）节日词汇和表达教学

微课可以教授与中国传统节日相关的英语词汇和表达，帮助学生扩大词汇量并提高语言运用能力。例如，在教授春节相关词汇时，可以教授学生"the Spring Festival"（春节）、"red envelope"（红包）、"lion dance"（舞狮）等词汇，并教授学生在节日期间常用的祝福语和表达方式。

（4）模拟节日庆祝活动

微课可以模拟中国传统节日的庆祝活动，让学生在模拟的场景中进行角色扮演和互动。例如，在教授端午节时，教师可以设计一节微课，模拟赛龙舟的场景，让学生扮演划龙舟的队员和观众，进行对话和互动。这样的微课可以让学生在参与节日庆祝活动的过程中，提高他们的口语表达能力和交际能力。

（5）跨文化比较与讨论

微课还可以引导学生进行比较和讨论，探索中国传统节日与西方节日的异同点，培养他们的跨文化意识和批判性思维。例如，教师可以制作一节微课，对比春节和圣诞节这两个东西方最重要的节日，让学生讨论它们在庆祝方式、文化内涵、习俗等方面的差异和相似之处。这样的微课可以帮助学生深入理解中西文化的差异，提高他们的跨文化交际能力。

5. 微课在中国传统节日英语教学中的优势

（1）生动形象：微课通过视频、图片等多媒体形式展示中国传统节日，使学生能够更加直观地了解节日氛围和习俗，提高学习的兴趣和参与度。

（2）文化传递：微课作为传递中国传统节日文化知识的载体，有助于学生在学习英语的同时，了解中华文化的魅力和博大精深，增强文化自信和民族自豪感。

（3）语言实践：微课通过模拟节日庆祝活动和角色扮演等形式，为学生提供更多的语言实践机会，有助于提高他们的口语表达能力和交际能力。

（4）跨文化意识培养：微课通过跨文化比较和讨论等形式，引导学生深入探索中西文化的差异和共性，培养他们的跨文化意识和批判性思维。

微课在中国传统节日英语教学中的应用具有显著的优势。通过制作生动形象的微课，教师可以帮助学生全面了解中国传统节日的文化内涵、庆祝方式以及相关词汇和表达。同时，微课还可以为学生提供更多的语言实践机会，培养他们的跨文化意识和交际能力。因此，我们应该充分利用微课这一创新的教学形式，为英语教学注入更多的文化元素和活力。

二、智能教学平台

智能教学平台是一种利用人工智能技术来辅助教学活动的在线平台。这类平台通过运用大数据、机器学习、自然语言处理等技术，实现了对学生学习行为的智能分析、个性化教学资源的推荐、智能答疑、自动测评等功能，从而提高了教学效率和学生的学习效果。

1. 智能教学平台在英语教学中的优势

智能教学平台在英语教学中通过提供个性化学习体验、丰富多样的教学资源、智能评估与即时反馈、强大的交互性以及数据分析支持等功能，为学生和教师创造了一个更加高效、有趣和互动的学习环境。

（1）个性化学习体验

精准的学习推荐：通过分析学生的学习历史、成绩、兴趣等数据，智能教学平台能够为学生提供个性化的学习资源和建议。例如，平台可能会推荐适合学生水平的阅读材料、听力练习或词汇游戏。

自适应学习路径：智能教学平台可以根据学生的学习进度和反馈，调整学习路径和内容难度。这意味着每个学生都可以按照自己的节奏和方式进行学习，实现更高效地学习。

（2）丰富多样的教学资源

多媒体内容：智能教学平台通常提供多种形式的学习内容，如视频、音频、图像和互动练习。这些多媒体内容可以激发学生的学习兴趣，使学习更加生动有趣。

实时更新与学习资源：平台可以实时更新学习资源，确保学生接触到最新、密切相关的英语知识。同时，学生还可以随时访问这些资源，进行自主学习和巩固。

（3）智能评估与即时反馈

自动化评估：智能教学平台可以自动评估学生的作业、测试和回答，并提供即时的反馈。这种反馈通常包括学生的表现、错误和建议，帮助学生及时纠正错误并提高学习效果。

学习进度跟踪：平台还可以跟踪学生的学习进度，为教师提供关于学生学习情况的实时数据。这使得教师能够更准确地了解学生的学习需求，并提供针对性的帮助和指导。

（4）强大的交互性

在线互动与讨论：智能教学平台支持学生之间的在线互动和讨论，鼓励学生分享想法、解决问题和合作学习。这种互动不仅可以提高学生的参与度，还可以培养他们的沟通和协作能力。

实时问答与反馈：学生可以通过平台实时提问，获得教师和同学的回答和反馈。这种即时沟通机制有助于解决学习中的疑惑，提高学习效率。

（5）数据分析支持

学习数据分析：智能教学平台可以收集和分析学生的学习数据，包括学习时间、学习频率、学习成效等。这些数据可以为教师提供有关学生学习行为的洞察，帮助他们制定更有效的教学策略。

预测与干预建议：基于学生的学习数据，平台还可以预测学生的学习趋势和可能遇到的困难，并为教师提供干预建议。这有助于教师及时发现并解决学生的学习问题，提高他们的学习效率。

2. 智能教学平台的核心功能在高校英语教学中的应用

（1）虚拟实景教学

利用智能教学平台的虚拟现实（VR）技术，英语教师可以创建虚拟的英语语境，如国外的生活场景、文化体验等。学生可以通过 VR 眼镜进入这些虚拟场景，进行沉浸式的语言学习。例如，在学习英语国家的餐厅点餐时，学生可以在虚拟餐厅中与环境互动，练习点餐对话。

（2）智能口语训练

智能教学平台可以提供智能口语训练功能，通过语音识别和自然语言处理技术，对学生的口语表达进行实时分析和反馈。学生可以通过与平台进行对话练习，提高口语流利度和准确性。平台还可以根据学生的口语表现，提供针对性的训练和建议。

（3）个性化学习资源推荐

学生在英语学习中对语法部分特别感兴趣，但在阅读方面存在困难。智能教学平台通过收集学生的学习历史和成绩，识别出学生的兴趣和薄弱点，并为其推荐相关的语法练习和阅读材料。

平台还可以根据学生的学习进度和能力水平，智能调整推荐的学习资源难度，确保学生在适宜的挑战下进行学习。例如，当学生在语法练习中取得一定进步后，平台可以为其推荐更具挑战性的练习。

（4）智能答疑与辅导

学生在做英语阅读理解题时遇到了生词，可以通过智能教学平台的智能答疑功能解决这个问题。平台通过自然语言处理技术分析学生的问题，并提供相应的解释和例句，帮助学生理解该生词的含义和用法。

如果学生仍然对某个知识点存在疑惑，平台还可以为其提供一对一的在线辅导，通过视频、音频或文字形式与教师进行实时交流，解决学习中的困惑。

（5）自动测评与反馈

学生完成了一篇英语作文后，提交到智能教学平台。平台通过自动批改功能对学生的作文进行评分和反馈，指出其中的语法错误、拼写错误和表达方面的问题。学生可以根据平台的反馈及时修改自己的作文，提高写作水平。

平台还可以为学生提供个性化的学习建议和指导，帮助他们更有效地规划和管理自己的学习过程。例如，平台可以根据学生的作文表现，为其推荐相关的写作技巧和练习资源。

（6）学习数据分析

教师通过智能教学平台查看学生的学习报告和统计信息，了解全班学生的英语学习情况。教师可以根据这些数据调整教学策略和方法，以满足不同学生的学习需求。例如，如果发现多数学生在阅读理解方面存在困难，教师可以增加相关的练习和讲解。

学生可以通过学习报告了解自己在英语学习中的优势和不足，根据报告的反馈调整自己的学习计划和策略，例如增加听力练习或提高阅读速度等。

这些实例展示了智能教学平台的核心功能在英语教学中的具体运用和效果。通过个性化学习资源推荐、智能答疑与辅导、自动测评与反馈以及学习数据分析等功能的应用，智能教学平台可以帮助学生更有效地学习英语，提高学习效果和体验。同时，教师也可以利用这些功能更好地了解学生的学习情况，调整教学策略和方法，提高教学效果。

三、虚拟现实技术

虚拟现实（Virtual Reality，简称 VR）技术是 21 世纪发展起来的一项全新的实用技术，它囊括了计算机、电子信息、仿真技术等多个领域，其基本实现方式是以计算机技术为主，利用并综合三维图形技术、多媒体技术、仿真技术、显示技术、伺服技术等多种高科技的最新发展成果，借助计算机等设备产生一个包含逼真的三维视觉、触觉、嗅觉等多种感官体验的虚拟世界，从而使处于虚拟世界中的人产生一种身临其境的感觉。

1. 虚拟现实技术在大学英语教学中的作用

（1）模拟真实语境：虚拟现实技术能够模拟真实的英语语境，使学生仿佛置身于真实的英语环境中。例如，在商务英语课程中，教师可以利用虚拟现实技术模拟一个国际贸易会议的场景，学生在这个虚拟场景中与来自不同国家的虚拟代表进行交流，讨论贸易议题。这种模拟真实语境的学习方式有助于学生更好地理解和应用商务英语知识，提高他们在实际工作中的语言应用能力。

（2）个性化学习路径：虚拟现实技术可以根据学生的学习需求和兴趣，为他们提供个性化的学习资源和学习路径。系统可以根据学生的学习进度和能力水平，智能推荐适合的学习资源和学习任务。学生可以根据自己的节奏和方式进行自主学习，探索自己感兴趣的主题和内容。这种个性化的学习方式可以激发学生的学习兴趣和动力，提高学习效果。

（3）实时反馈与评估：虚拟现实技术可以对学生的语言学习进行实时反馈和评估。在口语练习中，系统可以分析学生的发音、语调、语法和流利度等方面的表现，并提供针对性的反馈和建议。这种实时的反馈和评估可以帮助学生及时纠正自己的错误，改进自己的口语表达。同时，教师也可以根据学生的表现进行个性化的指导，提高教学效果。

（4）跨文化体验：虚拟现实技术可以帮助学生体验不同的文化环境和背景，了解不同国家的风土人情和文化习俗。例如，在英语国家文化课程中，教师可以利用虚拟现实技术带学生参观一个虚拟的英语国家博物馆或历史遗址，让学生身临其境地感受该国的历史和文化。这种跨文化体验可以帮助学生更好地理解和欣赏英语国家的文化，培养他们的跨文化意识和跨文化交际能力。

（5）激发学习动力：虚拟现实技术的沉浸式和交互式特点可以激发学生的学习兴趣和动力。在虚拟的环境中，学生可以体验到更多的乐趣和刺激，感受到英语学习的趣味性和实用性。这种积极的学习态度可以促使学生更加主动地参与课堂活动和学习任务，提高学习效果。

需要注意的是，虽然虚拟现实技术在大学英语教学中具有诸多优势和作用，但也需要教师根据学生的实际情况和需求进行合理的应用和整合。同时，教师还需要关注虚拟现实技术的局限性和挑战，如设备成本、技术兼容性等问题，以确保教学效果的最大化。

2. 虚拟现实技术在大学英语教学中的应用

听力训练：在传统的听力训练中，学生通常是通过听录音或看视频来进行练习的。借助虚拟现实技术，教师可以为学生创造一个三维的听力环境。例如，在听一个关于公司会议的对话时，学生可以通过虚拟现实技术"身临其境"地进入会议室，观察与会者的表情和动作，甚至可以与他们进行互动。这种沉浸式的体验将大大提高学生的听力理解能力和兴趣。

口语练习：虚拟现实技术也可被用于口语练习。学生可以进入一个虚拟的英语国家，与当地的虚拟人物进行对话。这些虚拟人物根据学生的回答做出相应的反应，从而提供一个真实的对话环境。此外，虚拟现实技术还可以对学生的发音、语调等进行实时分析，并提供反馈，帮助学生改进口语表达。

词汇学习：通过虚拟现实技术，教师可以创建一个包含各种物品和场景的三维环境，学生在这个环境中探索，每当他们遇到一个不认识的单词，虚拟现实系统就会自动解释这个单词的意思和用法。这种方式将词汇学习与实际应用相结合，大大提高了学生的学习效率和兴趣。

文化体验：英语不仅仅是一种语言，还包含了一种文化。通过虚拟现实技术，学生可以进入一个虚拟的英语国家，体验当地的文化、风俗和生活方式。

这种文化体验将有助于学生更好地理解和使用英语。

需要注意的是，虽然虚拟现实技术为英语教学提供了许多新的可能性，但它并不能完全替代传统的教学方法。教育者需要根据教学目标、学生需求和教学资源等因素，灵活地将虚拟现实技术融入教学中，以实现最佳的教学效果。

第二章　高校英语教学实施的创新与实践

　　高校英语教学实施的创新与实践是提升英语教学质量、满足学生个性化需求以及适应全球化发展趋势的关键。在传统的教学模式基础上，高校英语教学正逐步融入创新元素和实践活动，以提供更加多元化、高效和实用的教学体验。

　　创新方面，高校英语教学正积极探索混合式教学、翻转课堂等新型教学模式。这些模式充分利用了在线学习资源和技术工具，将传统课堂与数字化学习相结合，为学生提供了更加灵活和个性化的学习路径。此外，技术集成也是创新的重要方向，虚拟现实、增强现实和人工智能等技术的应用，为英语教学带来了沉浸式、智能化的学习体验。

　　实践方面，高校英语教学注重培养学生的实际应用能力。通过项目式学习、合作式学习等方式，学生可以在完成实际任务或解决问题的过程中，运用所学知识，提升语言技能和团队协作能力。同时，文化敏感性教学也成为实践的重要内容，通过比较文化、文化体验等活动，帮助学生更好地理解和适应不同文化环境。

　　高校英语教学实施的创新与实践旨在提供更加高效、个性化和实用的教学体验，培养学生的语言技能、跨文化交际能力和终身学习能力。这些创新与实践不仅有助于提升英语教学质量，也为学生未来的职业发展和国际交流打下了坚实的基础。

第一节　创新教学方法

一、互动式教学

互动假说理论是 Long 以 Krashen 的可理解性输入为理论基础在 1983 年提出的，其哲学根据是互动主义认识论，本质是强调语言间互动的认知功能，此理论的关键词是协商和调整，即在意义协商基础上的语言形式调整。协商和调整是互动假说理论的核心，协商是对语言沟通的改进，调整是对沟通内容和方法的调整，需要平等的语言水平或地位，语言水平决定了沟通的效果，调整决定了沟通的环境，只有平等才能相互沟通顺畅，只有协商才能相互理解沟通内容，互动的过程离不开沟通与协商，需要根据语言的信息进行调整，通过互动沟通中不断地协商，不断地调整沟通的内容和方法，才能达到互动教学的目的，以提高学生的英语水平。

互动假说的发展经历了三个阶段，分别是初步提出、完整提出和更新完善。后一阶段都是前一阶段的补充和完善。"互动"在二语习得中的作用可追溯到 20 世纪 70 年代，Wagner-Gough 和 Hatch 指出，会话在二语习得中对可理解性输入和促进语言输出都起了重要作用。Long 在 Krashen 输入假说的基础上，把可理解性输入与互动相结合，正式提出了"互动假说"。互动假说在进入教学过程后，由于各自的心理与技巧的问题，以及实际的教学环境变化，引起了专家学者的改进研究。Pica 认为互动有助于学习者建立语言形式与意义之间的联系，语言习得是一个认知、心理、社会互动的过程。Swain 指出，调整的输出是促进二语习得的重要条件，学习者通过反思自己的输出，对语言进行调整以提高输出的有效性，不仅提高输出的流利程度，而且促进语言的准确性。Grass 重新阐释了输入、互动、反馈、输出的二语习得整合模式，被称为"互动假说"。它描述了语言习得的全过程，从语言的可理解输入到学习者参与互动、反馈处理再到语言输出。Grass 与 Long 观点一致的地方在于意义协商，他们认为意义协商能把语言输入、学习者的内在能力，如选择注意、语言输出有效地联系起来。Long 对互动假说进行了更新，他把输入、互动、输出连为一体，最终完善了"互动假说"。

1. 互动教学的主要特征

（1）多向性

互动教学区别于传统教学中教师对于学生施加影响的自我教学，它是多向的教学，在教学过程中，教师、学生、环境之间都会发生多个维度的交流，在此基础上实现师生之间、生生之间、师生与环境之间的多向互动。

（2）平等性

互动教学的平等性主要体现在教学过程中的师生关系上。教学过程的平等意味着教师与学生都可以在课堂教学中发表自己的见解，双方可以展开讨论。通过教师的引导，学生能够参与到教学过程中，更加强调师生之间相互沟通、相互交流，在此过程中能够生成新的经验，而并非形式上的你问我答，只有这样，互动才具有实质性意义。

（3）动态性

互动教学中的动态性主要与主客体关系发生变化有关。在教学过程中，教师与学生更多地表现为双重的互为主客体关系，而当主客体关系发生变化时，发出互动行为与接收互动行为的对象也在随之变化。此时，教师对于课堂的控制性也要随之变化，当发出互动行为的主体是学生，教师面临与自己设计的教学不同时，就需要教师使用一定的机智，从容不迫地应对接收主体发出的互动行为，并能够与之互动。具体来说，互动教学的动态性就是不断预设教学情景，但是在具体实践中又能够根据实际情况进行改变。因此，互动教学受多个因素影响，具有其独特的动态性。

（4）差异性

从总体上来看，学生之间存在着性别、组织角色、人际关系等方面的差异，教师与这些不同的群体之间的互动方式、频率等也存在一定的差异，而"追求个性、包容另类"则是互动教学需要一直坚持的原则。尽管学生在各个方面存在一定的差异性，教师应在此基础上做到扬长避短地促进每位学生的良好品质的发展，使不同水平的学生都能够获得与其特点相一致的发展。教师和每个学生本质之间存在着差异，必然使得互动教学过程中存在着一定的差异性。

2. 互动的主要分类

（1）根据互动的方式，可以分为言语互动、表情互动、动作互动

• 言语互动：在英语课堂中师生、生生之间的交流沟通离不开言语的表达，不论是以问答的方式，还是学生之间小组讨论的方式出现，这种互动能"发挥

教师的语言教育力，擅长辞令的教师将给学生带来永远难以忘怀的感受"。好的语言组织能力也是互动式教学不可或缺的。英语教学活动中教师针对某一知识提出具有明确指向性的问题时，学生能够及时给予反馈，并达成预期目标，此时可以视为有效的言语互动。

• 表情互动：在充分了解的前提下，教师与学生之间会产生独有的默契，从而在教学中也会有特殊的表情互动。教师通过面部表情给予学生肯定、赞美、疑问的反馈，或者用眼神维持课堂纪律性，学生能够及时接收并作出反应，此时可以视作完成一次表情互动。

• 动作互动：英语课堂中，动作互动大多用于学生知识技能掌握的过程中。例如在表演环节，师生或生生之间需要通过动作配合来完成表演活动，抑或是在组织教学的过程中，教师通过特有的手势来进行课堂常规管理。以上情况即可视作师生之间或者生生之间的动作互动。

（2）根据互动的主导者来看，可以分为教师主导的互动、学生主导的互动

• 教师主导的互动：即教师提示，学生接受教师提示的内容。英语教师在课堂中会引导学生回答问题、欣赏作品等，以此推进教学目标的达成，这个过程中教师占据主导的地位。教师主动发出的、对学生能够起到引导作用的，促进教学目标达成的互动行为则可以视为教师主导的有效互动。

• 学生主导的互动：学生主导的互动大多不在教师提前预设的范围内，例如英语课堂中学生对于某一知识提出疑问或者给出积极的反馈，这种情景下教师需要及时与之互动并加以引导，能帮助学生运用自身的主观能动性去解决问题，此种情况称之为学生主导的互动。

（3）根据互动的内容所指向的目标来看，可以分为认知领域互动、情感领域互动和实践领域互动

• 认知领域互动：教学总是与发展学生的认知相关，对于互动教学来说，同样也将知识与能力作为其基本目标。互动教学强调知识的学习是学生主动建构的过程，本次研究中，认知性互动主要包含课堂中英语基础知识、作品的创作背景、英语的基本要素等内容学习过程中所产生的互动，其中互动的形式可以是多样的。

• 情感领域互动：互动教学本身是以师生的和谐关系为基础的互动，因此，学生的情感发展是互动教学所追求的目标，倡导学生在与人互动中能够展现良好的合作意识。

•实践领域互动：在英语课堂中，通过体验、模仿、探究、合作、综合等多种方式来提高学生的英语素养，发展学生的交际水平与合作能力，所以英语教学活动中的歌唱、演奏、创编等环节必然会存在多种互动行为，而这些互动内容最终指向实践领域。

3. 互动教学的重要意义

（1）构建新型师生关系的重要基础

传统教学中，学生大多处于被动接受知识的状态，课堂中参与意识不足。在互动教学中学生与教师之间的对话增多，学生主体地位得到凸显，从而能够拉近教师与学生之间的距离。互动教学中教师与学生双方需要通过交流合作来完成某一项特定的教学任务，这就要求教师要能够尊重并信任学生，此时双方并非存在上位与下位的关系，而是友好合作的伙伴关系。通过互动教师能够真实地感受到学生学习的状态，学生能够在互动中获得新的经验，这些都是最终形成新型师生关系的重要基础。

（2）促进学生全面发展的有效途径

学生在互动过程中与老师、同学之间的交流能够增进师生、同学情谊，减少孤独感并促进学生人际沟通能力的发展；学生在互动的过程中思维处于活跃的状态，对于个人的独立思考能力和创造能力都有一定的提升作用，学生的自我意识和自我控制能力也能够随之发展。教师在互动教学中可以随时进行调控，选择适合学生个性的互动内容，有助于学生的个性发展。

（3）提高教学效率的有效手段

教学效率受到多方因素的影响，而教学方式就是因素之一。教师与学生之间如果完成一次有效互动，那么在接下来的教学实施过程中师生关系就处于一个比较和谐的状态，教师能够从学生的反馈中得到职业成就感，学生能够从教师的赞美中提升互动的积极性，双方都能够从中有所获得，此时的课堂教学氛围会形成一种良性的循环。生生之间的互动能够通过合作探究的方法来高效且有创造性地完成学习任务，还能够带来情感上的共鸣。由此看来，互动教学不仅是提高教学效率的有效手段，而且还能够为教师的"教"和学生的"学"带来一定的长期效益。

4. 互动教学在高校英语教学中的应用

（1）互动教学模式的现状之学生问卷

从互动教学开展情况、学生参与互动教学的情况和互动教学效果三个方面对学生问卷进行分析。

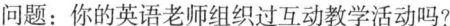
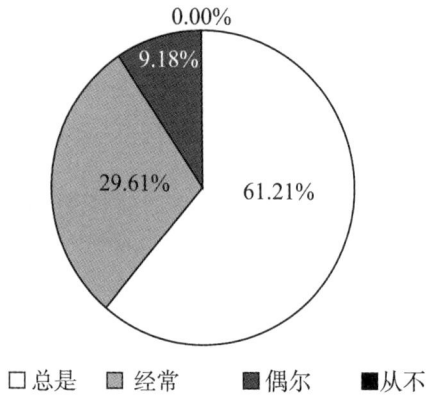

图 2-1 互动教学模式应用基本情况调查结果

首先，通过问卷调查从学生层面了解互动教学在实际教学中的地位和应用的频率数据（你的英语老师组织过互动教学活动吗？）。图 2-1 表明大部分教师平时在英语教学中都会开展互动活动，在频率方面，"总是"组织互动教学活动的比例占 61.21%，"经常"和"偶尔"的分别占 29.61% 和 9.18%，没有学生反馈存在教师"从不"互动的现象。可见，互动教学是高校英语教学中应用面比较广的一种教学模式。

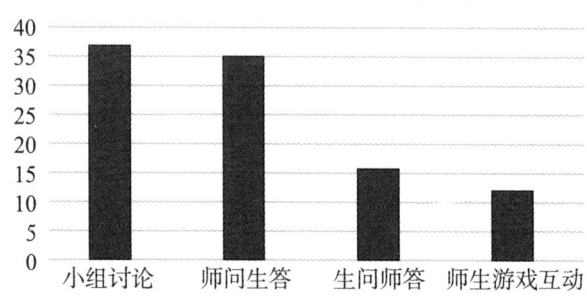

图 2-2 互动教学模式应用基本情况调查结果

问卷中调查了关于"英语课堂上老师最常组织的互动活动是什么？"，如图 2-2，从收集到的数据可以看到英语教学互动的主要形式是"小组讨论"（37%）和"师问生答"（35%），"生问师答"和"师生游戏互动"的比例分别为 16% 和 12%。从比例上来看，"小组互动"是最常用的教学互动形式，而互动问答活动中"师问生答"比"生问师答"占的比例明显高出,可以说,在互动教学过程中学生的主体性仍有可提高的空间。

在互动教学中,学生的参与情况也是检验互动教学效果的一个重要指标,问卷中设置了以下6个问题,具体数据如下图2-3所示:

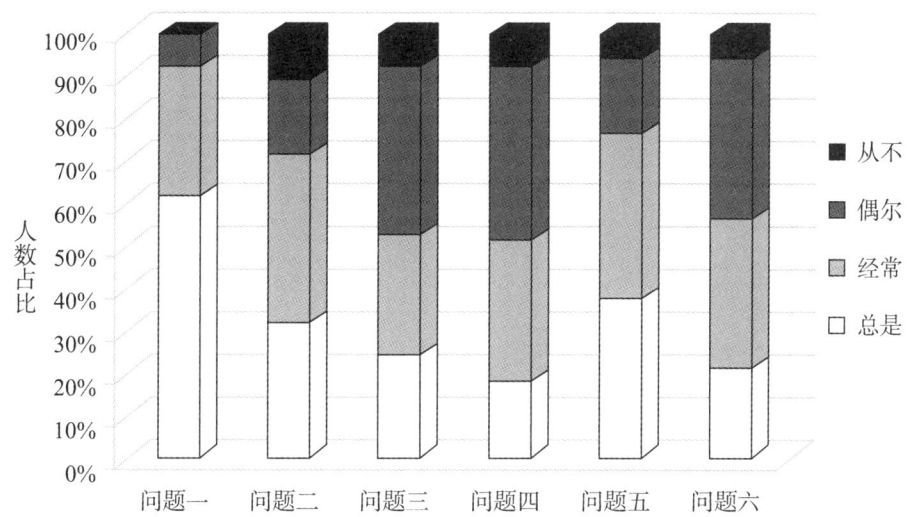

问题一:你的英语老师组织过互动教学活动吗?
问题二:在英语课堂上你会回答老师的提问吗?
问题三:你会参与英语学习互动活动吗?
问题四:在英语课堂小组讨论的过程中,你会发表自己的看法吗?
问题五:在英语教学互动活动过程中,你会与其他同学进行交流吗?
问题六:在互动活动过程中,你会与老师进行沟通交流吗?

图2-3 学生参与英语互动教学情况的调查结果

调查数据结果表明"经常"在英语课堂上回答老师的提问(39.31%)、"经常"参与英语学习合作活动(39.31%)、"经常"在英语课堂小组讨论的过程中发表自己的看法(40.08%)、"经常"在英语教学互动活动过程中与其他同学进行交流(37.02%),这个频率是最高的。而表示"总是"的频率则次之,分别是33.21%、28.24%、33.21%、38.17%。接着是表示"偶尔"的比例,分别是17.18%、25.19%、19.08%、17.18%。也存在少数表示"从不"的学生,占比分别是11.07%、8.02%、8.02%、6.11%。

在互动中的主动性方面,表示"总是"会主动与老师进行沟通交流的学生占22.14%,表示"经常"的占29.01%,表示"偶尔"的占35.11%,表示"从不"的占13.74%。

在问卷结束后本人随机访谈了部分学生，了解学生不愿意参与互动活动的原因，57.63%的学生表示是因为"英语水平有限"，33.21%的学生表示"活动内容与考试无关"，29.01%的学生表示"对互动活动不感兴趣"，28.24%的学生表示"害怕犯错误被嘲笑"，21.76%的学生表示"互动形式太单调"。这些数据表明学生不愿意参与互动教学活动的原因是多方面的，这也是我们在教学中不可回避的重点。

从以上数据我们可以看到互动教学模式在高校英语教学中发挥着积极作用，大部分学生都会积极回答教师的问题、参与教学互动活动以及在小组讨论活动中积极表达自己的观点，可以说，互动教学促进了师生、生生交流互动，且大部分学生喜欢并乐意参与英语课堂中的教学互动。然而，仍有小部分学生对英语互动教学的态度是消极的。

通过学生问卷的第1—6个问题，如图2-4，该部分显示了高校英语互动教学实施的效果。

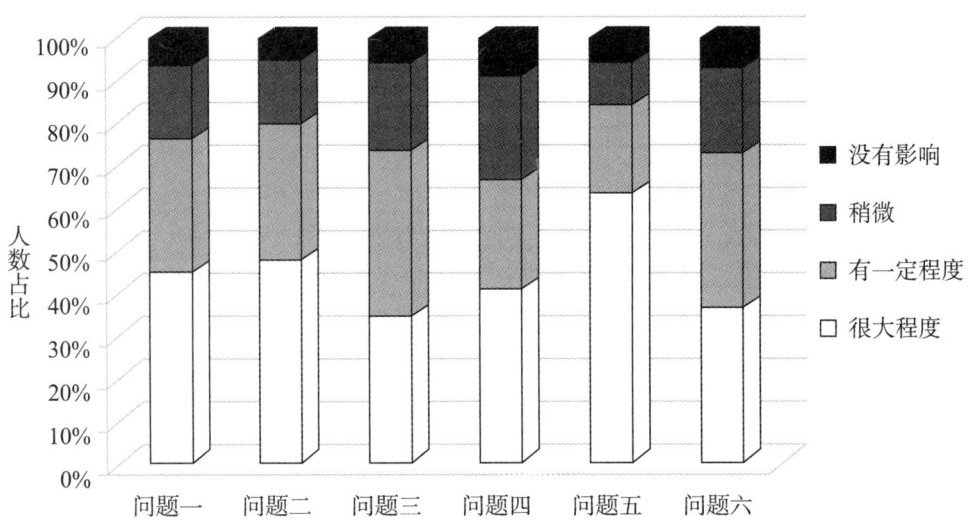

问题一：互动英语教学活动是否促进了课堂气氛？
问题二：互动教学是否提高了你的英语综合运用能力？
问题三：你觉得在英语教学中使用互动是否增加了趣味性？
问题四：互动教学帮助你发现英语学习的薄弱点了吗？
问题五：互动教学是否促进你与同学们的沟通交流？
问题六：互动教学是否帮助你在英语学习方面取得了进步？

图2-4 互动教学效果和评价的调查结果（学生卷）

互动教学的课堂氛围方面，数据表明认为互动英语教学活动"很大程度"促进了课堂气氛的占49%，表示"有一定程度"促进的占33%，表示"稍微"有促进作用的占12%，表示对课堂气氛没有作用的占6%。调查结果显示，认为英语互动教学"非常有趣"和"有趣"的比例分别是34.35%和39.31%，认为"稍微有趣"和"无趣"的比例是20.23%和6.11%。可以看出，英语互动教学模式对活跃课堂气氛和增加教学趣味性有很大的作用。

在"英语互动教学是否提高学习信心"方面，51%的学生认为"有非常明显的提高"，29%的学生认为"有一定提高"，认为"稍微提高"和"没有提高"的学生分别占13%和7%。在互动教学对提高英语综合运用能力作用方面，48%的学生表示有"极大的作用"，32%的学生表示"有一定的作用"，15%和5%的学生分别认为"稍微有作用"和"没有作用"。

在调查互动教学是否有助于发现英语学习的薄弱点方面，41%的学生表示"有极大的帮助"，26%表示"有一定帮助"，24%表示"有点帮助"，9%表示"没有帮助"。大部分学生肯定了互动教学在英语学习方面取得了进步，特别是英语听说能力方面，表示互动教学促使英语考试成绩方面"取得了极大的进步"的占37%，表示"取得了进步"的占36%，表示"稍微取得了进步"的占20%，表示"没有取得进步"的占7%。

同时英语互动教学使他们在哪方面能力提高最大，63%的学生认为是"听说能力"，26%认为是"阅读理解能力"，认为在"写作能力"和"其他"方面的则为8%和3%。

通过分析以上数据，总的来说，学生认为英语互动教学对提升他们的英语学习兴趣和信心有很大的促进作用。很多学生感觉英语互动教学有助于发现学习的薄弱点，促进与同学的交流，而且有助于提高英语综合运用能力，包括听说读写等英语语言技能，甚至有高校生表示互动教学对提高考试成绩有帮助。

（2）互动教学模式的现状之教师问卷

结合教师问卷调查的结果，本人将从互动教学的基本情况、互动教学活动形式和学生参与情况及互动教学效果三个方面进行分析。

①高校英语互动教学基本情况

以下数据由教师调查问卷的第1—3个问题整理得出，显示了所调查学校高校英语互动教学的基本开展情况。

互动教学的基本情况（教师卷）

问题	选项	人数	百分比（%）
1. 您在英语教学中愿意采用互动教学吗？	A. 非常愿意	32	50
	B. 愿意	26	40.63
	C. 一般	6	9.37
	D. 不愿意	0	0
2. 您认为在英语课堂中使用互动教学方式的理由是什么？（多选）	A. 使课堂更加生动有趣	36	56.25
	B. 锻炼学生英语交际能力	64	100
	C. 提高学生英语学习兴趣	40	62.5
	D. 新课程改革的需要	26	40.63
3. 您认为互动教学中互动的主体是谁？	A. 老师	0	0
	B. 学生	42	65.62
	C. 老师和学生	22	34.38

首先在第一个问题中表示平时"非常愿意"组织英语互动教学的教师比例占50%，表示"愿意"的占40.63%，表示"一般"的占9.37%，参与调查中的教师无人表示"不愿意"。

第二个问题中关于在英语课堂中使用互动教学方式的理由，100%的教师表示"锻炼学生英语交际能力"，62.5%表示"提高学生英语学习兴趣"，56.25%表示"使课堂更加生动有趣"，40.63%表示是出于"新课程改革的需要"。

而在第三个问题中，参与调查的教师无人认为互动教学的主体是老师，认为互动教学的主体是"学生"的比例较大（65.62%），认为互动教学的主体是"老师和学生"的占34.38%。

以上调查结果表明，在高校英语教学中互动教学模式的应用面还是比较广泛的，而且教师们在使用这一模式的时候也是带着明确的目标的。同时，根据互动教学模式理论，其教学主体应该是"学生"本身，然而调查显示仍有部分教师认为互动教学的主体是"教师和学生"。说明大部分的教师对互动教学模式内涵认识到位，但仍存在部分教师需要进一步学习理解互动教学模式的理论和内涵。

②高校英语互动教学活动形式和学生参与情况

教师问卷的第 4—9 个问题主要用于了解高校英语互动教学活动形式和学生参与情况，下表为调查结果的数据：

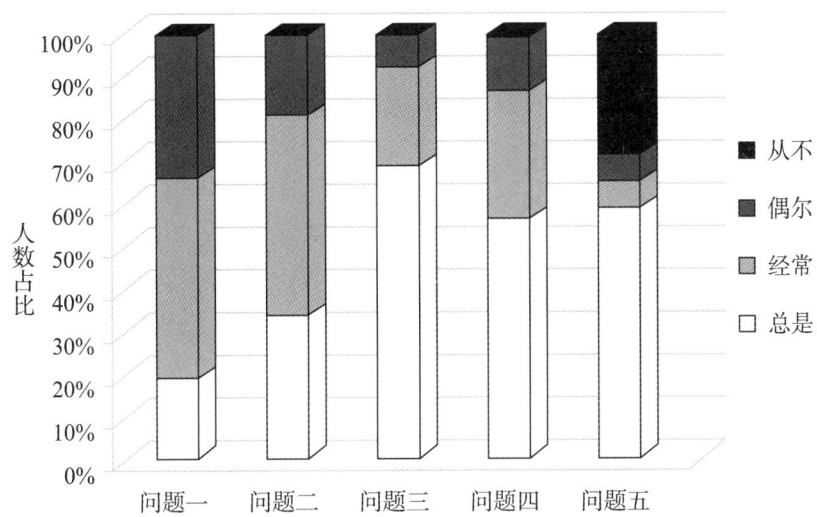

问题一：对于您的提问，学生们是否积极主动思考并发言？
问题二：学生们对于合作活动是否积极参与？
问题三：互动教学过程中，您主动了解过学生是否遇到问题了吗？
问题四：当学生们在互动教学活动中遇到问题时，您是否给予耐心指导？
问题五：互动教学活动之后，您是否会作出反馈(表扬、点评、纠错)？

图 2-5　互动教学的应用状况调查结果（教师卷）

从教师的调查问卷中发现，教师们在教学过程运用了各种互动教学活动来组织教学，包括小组讨论、师问生答、生问师答、教学游戏互动等。从调查结果也可以看出学生在回答教师问题或小组讨论时都积极进行了思考。同时调查结果显示，大部分的教师都是责任心非常强的，很多教师在布置学生小组讨论等活动时都会在教室巡视走动以便随时回答学生的问题并对学生的问题给予耐心解答。另外，在教学互动活动完成之后，数据显示大部分教师（52.5%）会对学生的表现进行"表扬加点评纠错"，部分教师（28.13%）会引导学生"自我纠错"，小部分教师（6.25%）分别会进行"简单点评和纠错"和"引导他人点评和纠错"。

③高校英语互动教学效果

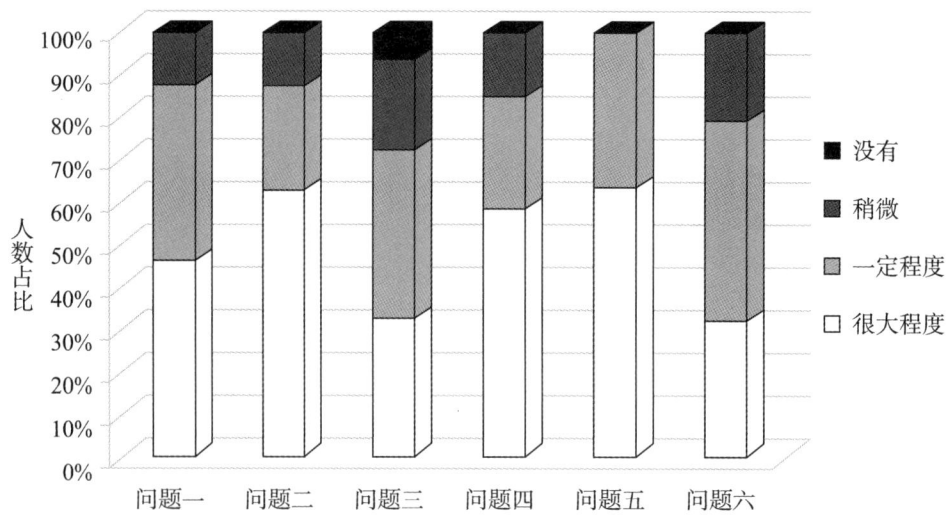

问题一：您觉得互动教学能提高学生英语学习的信心吗？
问题二：通过互动教学，学生的英语综合运用能力是否得到提高？
问题三：您觉得在英语教学中使用互动教学能提高学生学习兴趣吗？
问题四：互动教学帮助您发现学生英语学习的薄弱点了吗？
问题五：互动教学是否促进您与学生的沟通交流吗？
问题六：您认为互动教学是否能让学生在英语学习方面取得进步？

图 2-6　互动教学效果和评价的调查结果（教师卷）

所有教师一致认为英语互动教学不同程度地提高了学生的学习兴趣和信心。学习兴趣方面，认为得到"很大程度提高"的占 34.38%，"一定程度提高"的占 40.63%，"稍微提高"的占 21.88%；学习信心方面，50% 的教师认为"有非常明显的提高"，43.75% 的教师认为"有一定提高"，12.5% 的教师认为"稍微提高"。

大部分教师反馈互动教学明显促进了师生沟通交流（78.13%），认为极大地帮助了学生在英语学习方面取得进步（34.38%），特别是英语听说能力方面（71.88%）。在关于互动教学是否有助于发现学生英语学习的薄弱点方面，教师的反馈结果与学生相似，62.5% 的教师表示"有极大的帮助"，28.13% 表示"有一定帮助"，9.37% 表示"不太确定"。

问题六关于互动教学对学生英语成绩的影响方面，65.63% 的教师表示能"帮助学生提高成绩"，31.25% 的教师表示"不太确定"，3.12% 的教师表示互动教学"对考试成绩无太大影响"。

综观以上数据，显然互动教学模式的应用在高校英语教学里起着积极正面的促进作用,有助于活跃课堂氛围和提高学生学习兴趣和信心,也增进了师生之间的交流,从而有利于教师发现学生学习的薄弱点,进而促进了学生学习成绩的提高与进步。

(3)访谈结果分析

为了使调查研究的数据更为充分,笔者分别访谈了10位参与问卷调查的教师,访谈主要围绕以下主题:

- 组织互动教学的主要活动有哪些?效果如何?
- 影响英语互动教学效果的因素有哪些?
- 高校英语互动教学存在的困难和问题。
- 讨论更好地发挥互动教学效果的方法。

通过访谈,得知所有参与访谈的教师均肯定地表示互动教学模式是一种非常适合高校英语教学的方法,它能有效激发学生学习热情及提高教学效果,应推广使用。也有部分教师认为较之传统教学模式,互动教学模式通过让学生参与到教学中更能有效地培养学生的学习主动性,且课堂中持续的互动能够让学生保持注意力,这对原本英语学习兴趣和基础都不足的高校学生显得尤为重要。互动教学的课堂氛围更为和谐,在这种平等的人人参与的环境下学生更愿意表达自己的观点和见解。

根据参与访谈教师的反馈,归纳分析影响英语互动教学效果有以下几个方面的原因:(1)学生对互动活动不感兴趣或互动内容太难,超出学生的英语能力;(2)学生英语水平有限,在英语听说方面有困难,无法自如地表达;(3)学生自尊心强,负面心理负担重(容易紧张/害怕/胆怯),担心犯错误被同学嘲笑。

教师们采用各种办法扭转这一局面,其中在教学过程中加强互动是主要方法之一,与问卷调查结果一致,老师们反馈"小组讨论""师生问答"等为互动教学的主要课堂活动。同时也有教师反馈,随着信息化教学技术的发展,教学互动的形式从课堂延伸到课外,很多教师会使用一些教学APP,如"英语流利说""英语趣配音""FiF口语训练"等建立班群,布置学生完成形式多样、趣味性强的各种活动,非常有效地提高了学生课外自主学习能力。另外,在互动教学模式中,教师倾向于给学生更多的机会在课堂上进行自我展示,如布置情景邀请学生进行角色扮演或者让学生以小组形式做学习项目汇报等活动。在谈到影响英语互动教学效果的因素时,有教师承认在有限的课时内要完成课程内容，平时教学还是以学生考试或完成课程需要为主，课堂互动活动也只能简单开展，没有注重发展学生的综合英语能力，互动的目的有时候是出于拉近与学生的距离和缓和课堂氛围。同时教师结合教学实践提出以下可能影响互动教学效果的因素：教师对互动教学活动设计方法的掌握、课堂掌控能力、课堂教学组织形式（班级学生人数多，大班授课）、学生学科基础、学生认知水平、教师对教学目标的理解和反馈、学生课堂注意力、教师应对教学困难的能力、学生小组讨论的结果反馈方法与指导、学生主观能动性等。在评价体制方面，受传统教学观念的影响，教育评价体制关注得更多的仍是学生的成绩分数而不是实际应用语言的能力，同时学生的情感、品德、能力、素质等也受到一定程度的忽视。

5. 高校英语课堂中如何创新互动教学加强教学效果

（1）使用现代技术工具

•互动白板：使用电子白板进行词汇和短语的即时互动练习。例如，教师可以展示一张图片，并让学生在白板上写出相关的英语单词或短语。

•在线投票系统：在进行课堂讨论或观点分享时，利用在线投票系统即时收集学生的意见和看法，以便进行更有针对性的讨论。

（2）设计富有创意的小组活动

•角色扮演游戏：设计基于课文或现实场景的角色扮演游戏，让学生扮演不同角色，用英语进行对话。例如，模拟餐厅点餐、机场登机或商务谈判等场景。

•辩论赛：选择有争议的话题，组织学生进行辩论。这不仅可以锻炼他们的口语表达能力，还能培养他们的批判性思维。

（3）情景模拟游戏

•生活场景模拟：模拟日常生活的场景，如购物、旅行、求职等，让学生在这些场景中运用所学英语进行交流。

•职业场景模拟：针对不同专业的学生，设计与其专业相关的职业场景模拟，如医生与病人交流、律师与客户沟通等。

（4）互动式问答

•随机提问：在课堂上随机抽取学生回答问题，以增加每个学生参与的机会，避免某些学生被动地坐在座位上。

•问题接力：一个学生提出问题，另一个学生回答并继续提问，形成问题接力的形式，鼓励学生主动思考和提问。

（5）项目式学习

• 跨文化项目：分组进行跨文化项目，让学生研究不同国家的文化、习俗和节日，并制作展示或报告。

• 社区服务项目：组织学生进行社区服务活动，如教授英语给社区成员，让学生在实践中运用英语并体验成就感。

（6）文化对比活动

• 文化展览：学生分组准备关于不同国家的文化展览，展示服饰、食品、艺术品等，并用英语进行解说。

• 文化日：设立特定的日子，如"美国文化日"或"英国文化日"，让学生在这一天深入了解并展示特定国家的文化。

（7）即时反馈机制

• 匿名调查：课后通过匿名在线调查收集学生对课堂内容、教学方法和互动活动的反馈。

• 课堂小测验：利用在线平台即时进行课堂小测验，了解学生对课堂知识的掌握情况，并根据反馈调整教学内容。

（8）个性化学习路径

• 推荐阅读材料：根据学生的兴趣和水平，为他们推荐适合的阅读材料，如英文小说、新闻报道或学术论文。

• 定制学习任务：设计不同难度和主题的学习任务，让学生根据自己的兴趣和能力选择适合自己的任务。

通过实施这些具体的互动教学策略，教师可以创造更加活跃和有效的大学英语课堂，激发学生的学习兴趣和动力，提高他们的英语应用能力和学习效果。

二、项目式学习

项目式学习（Project-based Learning，简称 PBL）是一种以学生为中心的教学方法，它通过将学习内容嵌入到具有实际意义的项目中，让学生在解决问题的过程中主动探索、学习和应用知识。这种方法强调学生的主动性、合作性和实践性，有助于培养学生的创新思维、批判性思维和解决问题的能力。

1. 项目式学习在高校英语教学中的优点与挑战

项目式学习在高校英语教学中具有许多优点，能够帮助学生更好地理解和应用知识，培养跨学科能力和自主性。然而，在实施过程中也存在一些挑战，需要师生共同努力来克服。

（1）项目式学习在高校英语教学中的优点体现在：

• 实际应用与真实性：项目式学习为学生提供了一个真实的或模拟的环境，使他们能够将所学知识应用于实际情境中。这种学习方式不仅增强了知识的实用性，还帮助学生更好地理解英语在不同文化和社会背景中的应用。例如，在学习旅游英语时，学生可以通过策划一次模拟的旅行项目，学习并实践在旅行中可能遇到的各种英语交流场景。

• 深度学习：与传统的课堂教学相比，项目式学习鼓励学生深入探索和研究某一主题或问题。通过深入挖掘、分析和解决问题，学生能够更全面地了解主题，形成自己的见解，并培养批判性思维和创新能力。在英语学习中，这种深度学习可能涉及对某一文化现象、历史事件或社会问题的深入研究。

• 跨学科整合：项目式学习通常涉及多个学科领域的知识和技能。这种跨学科的学习方式不仅有助于培养学生的综合素养，还有助于他们建立不同学科之间的联系，形成更完整的知识体系。在英语学习中，学生可能需要结合历史、文化、科学等其他学科的知识来完成一个项目。

• 增强自主学习能力：在项目式学习中，学生需要自行制定计划、安排时间、寻找资源等。这种学习方式培养了学生的自我管理能力，使他们能够更好地掌控自己的学习过程。同时，学生还需要学会如何与他人合作、沟通，这对于他们未来的职业生涯非常重要。

• 增强学习动机与兴趣：由于项目式学习通常涉及学生感兴趣的主题或问题，因此能够激发学生的学习动机和兴趣。当学生看到自己的努力能够带来实际的成果时，他们会更加投入地学习。这种内在的学习动力有助于提高学生的学习效果和持久性。

（2）项目式学习在高校英语教学中的挑战

• 实施难度：成功实施项目式学习需要教师具备较高的教学能力和经验，同时还需要学生具备一定的基础知识和社会经验。教师需要花费大量的时间和精力来设计和组织项目，确保项目与课程内容紧密相连，同时又能引起学生的兴趣，而学生也需要有足够的自律性和合作能力来参与项目。

• 学生能力差异：项目式学习要求学生在项目中发挥主动性，但不同学生的能力水平、兴趣爱好和背景差异可能导致他们在项目中的参与度和贡献度不同。教师需要关注每个学生的学习进展，并提供必要的支持和指导，以确保每个学生都能从项目中受益。

• 资源限制：项目式学习可能需要更多的资源和支持，如图书馆、实验室、社区资源等。然而，在实际教学中，学校可能无法提供足够的资源来支持每个项目的实施。教师需要创造性地利用现有资源，或者寻求外部支持，以确保项目的顺利进行。

• 评价挑战：与传统的考试和作业相比，项目式学习的评价方式更加复杂和多样化。教师需要制定明确的评价标准和方法，以确保项目的评价公正、客观和有效。同时，教师还需要提供及时的反馈和指导，帮助学生改进和提高。

通过克服这些挑战并充分利用项目式学习的优点，我们可以为学生创造更加有意义、高效和实用的英语学习体验。

2. 项目式教学中怎样培养学生的综合素养

项目式教学是一种以学生为中心，以实际问题为导向的教学模式。它强调学生的主动性、实践性和合作性，旨在培养学生的综合素养。在具体操作中，项目式教学可以通过以下几个方面来培养学生的综合素养。

（1）跨学科学习与应用

项目式教学通常涉及多个学科领域的知识和技能。为了完成项目任务，学生需要综合运用不同学科的知识，这有助于培养他们的跨学科学习与应用能力。例如，在一个关于环保的项目中，学生可能需要运用生物学、化学、物理学等多学科知识，来分析环境问题并提出解决方案。通过这样的项目，学生可以更好地理解不同学科之间的联系，提高他们综合运用知识的能力。

（2）实践能力的培养

项目式教学注重实践和应用。学生需要亲自动手完成项目任务，这有助于培养他们的实践能力和动手能力。在实践中，学生可以更好地理解理论知识，并将其转化为实际技能。同时，通过解决实际问题，学生还可以培养自己的责任感和使命感，增强自信心和成就感。

（3）团队合作与沟通能力的培养

在项目式教学中，学生通常需要分组合作，共同完成项目任务。这有助于培养他们的团队合作和沟通能力。在团队合作中，学生需要学会倾听他人的意见、表达自己的观点、协调团队关系等。这些技能对于他们未来的职业生涯非常重要。同时，通过沟通合作，学生还可以培养自己的宽容和包容心态，增强社会责任感和集体荣誉感。

（4）创新思维与问题解决能力的培养

项目式教学鼓励学生发挥创造力，提出新的想法和解决方案。通过解决问题和面对挑战，学生可以培养创新思维和问题解决能力。这些能力对于适应快速变化的社会环境和应对未来挑战至关重要。在项目式教学中，教师应该鼓励学生勇于尝试、敢于创新，并为他们提供足够的资源和支持来实现自己的想法。

（5）批判性思维与独立思考能力的培养

在项目式教学中，学生需要独立思考、分析和评估项目任务和问题。这有助于培养他们的批判性思维和独立思考能力。通过批判性思考，学生可以更好地理解问题的本质，并提出有效的解决方案。同时，独立思考能力也有助于学生在面对复杂问题时保持清醒的头脑和独立的判断力。

（6）时间管理与自我调控能力的培养

项目式教学通常有一定的时间限制和任务要求。为了按时完成项目任务并取得良好的成果，学生需要学会合理安排时间、制定计划并自我调控进度。这有助于培养他们的时间管理能力和自我调控能力。通过合理的时间管理和自我调控，学生可以更好地平衡学习、生活和其他活动之间的关系，提高自己的学习效率和生活质量。

（7）情绪管理与抗挫能力的培养

在项目式教学中，学生可能会遇到各种困难和挑战。为了应对这些困难和挑战，学生需要学会调节自己的情绪、保持积极的心态并勇敢面对挫折。这有助于培养他们的情绪管理和抗挫能力。通过情绪管理和抗挫能力的培养，学生可以更好地应对生活中的压力和挫折，保持积极向上的心态和乐观的人生态度。

综上所述，项目式教学在培养学生的综合素养方面具有显著的优势和作用。通过跨学科学习与应用、实践能力的培养、团队合作与沟通能力的培养、创新思维与问题解决能力的培养、批判性思维与独立思考能力的培养、时间管理与自我调控能力的培养以及情绪管理与抗挫能力的培养等方面的努力和实践，项目式教学可以全面提升学生的综合素养和能力水平，为他们未来的学习和生活奠定坚实的基础。因此，在教育实践中应该积极推广和应用项目式教学模式以更好地培养学生的综合素养和能力水平。

3. 项目式学习在高校英语教学中的应用——以"shopping"为例

项目主题：shopping

（1）项目目标

提高学生的英语听说能力，使他们能够用英语描述购物经历、交流购物心得。

培养学生的团队协作能力，让他们学会分工合作，共同完成任务。

增强学生的跨文化意识，让他们了解不同国家的购物文化和习惯。

（2）项目流程

准备阶段：教师介绍项目主题和目标，学生分组并确定各自的任务分工。

实施阶段：学生通过实地考察、网络调查等方式搜集信息，整理成报告或展示材料。

展示阶段：学生向全班展示他们的研究成果，包括购物体验、文化差异等方面的内容。

评价阶段：教师和其他小组对学生的展示进行评价，提供反馈和建议。

（3）项目实施

• 准备阶段

教师首先向学生介绍项目主题和目标，并解释项目式学习的重要性和意义。然后，学生被分成若干小组，每组 4—5 人。在分组过程中，教师充分考虑了学生的英语水平、兴趣爱好和性格特点等因素，以便实现优势互补。分组完成后，每个小组需要确定一个小组长，负责协调小组成员的工作。

• 实施阶段

在实施阶段，学生首先需要搜集关于高职学生购物体验的相关信息。他们可以通过实地考察校园周边的商店、超市等购物场所，了解高职学生的购物习惯、偏好和消费水平。同时，他们还可以通过问卷调查、访谈等方式搜集更多数据和信息。在搜集信息的过程中，学生需要用英语进行交流，这不仅可以提高他们的英语口语能力，还可以让他们更好地了解不同国家的购物文化和习惯。

搜集完信息后，学生需要对这些数据进行整理和分析。他们需要将搜集到的信息分类整理，如购物场所、购物时间、购物目的、消费金额等，并分析这些数据背后的原因和趋势。在这个过程中，学生需要运用所学的英语知识和技能，用英语描述和分析购物体验。

• 展示阶段

在展示阶段，学生需要将他们的研究成果以 PPT 演讲、视频、海报等形式展示给全班同学。展示内容可以包括购物场所的介绍、购物体验的分享、文化差异的比较等方面。在展示过程中，学生需要用英语进行演讲和解释，以锻炼他们的英语口语和表达能力。同时，他们还需要回答其他同学的问题和提供反馈，以增加互动和交流。

• 评价阶段

在评价阶段，教师和其他小组需要对学生的展示进行评价。评价可以从内容、表达、创意等方面进行。教师需要指出学生在展示中的优点和不足，并提出改进的建议。同时，学生也需要进行自我评价和反思，总结自己在项目中的收获和不足。

（4）项目成果与意义

通过这个"高职学生购物体验"的项目式学习，学生不仅能够深入了解高职学生的购物行为和消费习惯，还能够提高他们的英语听说能力和跨文化交际能力。同时，他们在项目中积累的实践经验和知识也将为他们的未来学习和职业生涯打下坚实的基础。此外，通过向全班展示研究成果，学生还能够锻炼自己的公众演讲和口语表达能力。

对于教师而言，项目式学习也能够促进教学方式的创新和教学效果的提升。通过设计和实施项目式学习，教师可以更好地激发学生的学习兴趣和动力，培养他们的自主学习和合作学习能力。同时，教师还可以通过项目式学习来评估学生的英语水平和应用能力，以便更好地指导他们的学习和发展。

综上所述，项目式学习在高职英语教学中具有广阔的应用前景和重要的实践价值。通过以"高职学生购物体验"为例的项目式学习，学生可以更好地应用所学知识于实际情境中，提高他们的英语应用能力和问题解决能力。同时，这种学习方式也能够促进学生的综合素质和未来的职业竞争力的提升。因此，高职英语教师应该积极探索和实践项目式学习的教学方法，为学生的全面发展提供更好的支持和帮助。

三、混合式教学

随着信息技术的快速发展和普及，教育领域也迎来了前所未有的变革。混合式教学，作为一种新兴的教学模式，正逐渐受到教育工作者的关注。它旨在将传统课堂教学的优势与在线学习的便利相结合，为学生提供更加个性化、灵活和高效的学习体验。混合式教学（Blended Learning）是一种教学策略，它将传统课堂教学的优势与在线学习的便利相结合。具体来说，混合式教学是指教师在线上发布学习任务、分享学习资源、布置作业，并引导学生通过网络平台进行自主学习、提交作业和互动。同时，线下教学中，教师则起到引导作用，帮助学生完成相关的学习任务，解决学习中遇到的问题。

1. 混合式教学概述

混合式学习最早在美国的商业培训中出现，美国培训机构认为，"混合式学习的目标主要是为了培养职员人际交往能力、解决问题能力、合作学习与个性化学习能力，从而实现企业最大目标"。英国学者辛格等人认为，"混合式学习混合了多种学习方式，即线下课堂学习和网络在线学习的混合、自主学习和个性化学习的混合、结构化与非结构化学习的混合、深度学习和有意义学习的混合"。混合式学习一经提出，便在学界展开了广泛的研究和实验，但至今没有统一的定义。

国内学者对混合式学习的研究起步较晚，最早由何克抗先生在 2003 年提出。"面对面学习有利于师生交流和深度学习的开展，在线学习有利于突出学生自主学习和个性化学习，而混合式学习正好融合了两者的优势"。李克东教授则认为，"混合式学习是随着对网络学习的反思和传统课堂教学的回归而逐渐被关注的一种新的学习方式和学习理念，其核心思想是用最便捷有效的教学手段和方法开展教学活动，解决教学中存在的诸多问题，并实现教学效益最大化"。杜世纯先生认为，"混合式学习在形式上是把传统的课堂面对面学习方式和以 MOOC 为核心的在线学习方式有机结合，其本质是以学习者为中心的教育范式"。

混合式学习研究者迈克尔·霍恩先生在其著作《混合式学习：21 世纪学习的革命》一书中，将混合式学习模式大致归纳为：转换模式（Rotation）、弹性模式（Flex）、菜单模式（Alacarte）和增强型虚拟模式（Enriched Virtual）四种。在美国采用混合式学习模式的学校中，他们基于这四种模式并可能将多种模式结合起来使用，来创造一个自定义的适合自身的课程形式。其中，转换模式又分为就地转换、机房转换、翻转课堂和个体转换四种。

在四种转换模式中，迄今为止最受媒体关注且被运用最多的是翻转课堂模式，其最大特点就是完全颠覆传统课堂。学生无论在学校还是家里，都可以先自学网上课程，后在传统课堂中，师生进行深入讨论交流，展开基于问题的项目学习和深度学习。这是最能体现混合式学习模式特点，突出学生学习主体性，同时也强调教师主导地位的教学模式。翻转课堂与传统课堂有两个大的不同点，其一，传统课堂教师无法根据不同学生的学习进度做出教学调整，而在翻转课堂中，上课的基本内容转换成网上教程的形式，学生可以根据自己的理解程度进行快进或回放，从理论上可以将学习自主权归还给学生。其二，可以将课堂上学生的被动学习吸纳新知识转为学生主动学习和个性化学习，从而提高学生学习兴趣，增强学习有效性。

弹性模式主要服务于重修学分和已经辍学的学生，为他们提供在线学习课程。这些学生需要到主流教室之外的某个实体机构，如重修学分的机房或备用学习中心，在此机构中依靠在线的学习方式开展学习。这种模式以在线学习为主要形式，尽管有时会要求学生进行线下活动。在线上学习的过程中，实体机构的教师进行在场监督和管理，并会提供一定的指导和帮助。

菜单模式主要应用于高职阶段，是高职阶段最常见的混合式学习模式。美国会要求学生在高职毕业前选修一门在线课程，菜单模式便应运而生。这种模式中学生除了在学校学习常规课程之外，还要在实体学校利用自修课或放学后的时间通过完全的在线方式修完课程。与弹性模式相似，菜单模式的在线课程也可以安排线下的活动部分，不同点在于前者弹性模式的教师是面对面的，而后者教师处于在线状态。

增强型虚拟模式是指在某门课程中分为两大部分，一部分是面对面课程，这个要求教师对学生进行监督，另一部分教师与学生不在同一时空下，学生自主完成其余课程，其中实体学校仅仅是用以辅助虚拟学习的场所，而在学校或其他场所的在线学习是主要学习形式。

2. 混合式教学模式的特点

四种混合式学习模式都有一个共同特点，即必须是学生在实体校园中和基于互联网平台的在线学习相结合，也就是学生的学习有一部分是在有教师监督和指导的实体课堂里进行的，还有一部分则是由学生通过在线形式完成的，一定程度上由学生自主控制时间、地点和进度，两者之间互相有机配合，形成一种综合性的学习体验，具有以下几个方面的特点：

（1）混合性

混合式学习包含了多种要素的混合，"线上＋线下学习形式"的混合，"实体校园＋虚拟课堂"的混合，"线上＋线下学习资源"的混合，"异步在线＋线下同步"的混合。"混合式学习还结合了多种方式,包括在线观看教学视频、问题协作学习、分组讨论等,线上与线下混合,可以为学生提供多种选择的机会。"各要素的有效结合,相比于其他单一的教学模式更有优势可言。但在实践的过程中需要注意,混合式学习模式不是简单地将两种要素相结合,更不能给学习者增加学习负担,教师要将线上与线下有效衔接,各种学习资源合理利用,帮助和指导学生有效开展自主学习,从而突出混合性这一特征。

（2）自主性

在传统课堂教学中,教师占据了课堂的主体地位,使得学生的学习大多是被动接受式学习,不利于培养学生自主创新能力。混合式学习模式强调学生自主学习,把课堂自主权归还给学习者。学生可以随时随地开展线上学习,可以根据自己的学习风格制定适合自己的学习进度,对掌握不足的内容可以进行暂停、回放。根据在线学习的内容,发现问题,提出问题,并自主选择是自己解决还是拿到课堂上,与老师、同学讨论探究、协作解决,学生的学习自主性得以充分发挥。

（3）互动性

师生之间、生生之间在线上和线下注重交流和互动,两者借助网络平台实现跨时空的学习互动,"在教师与学生的沟通中促进知识的理解与转化"。混合式学习不似传统教学强调教师讲、学生听,而是充分借助在线学习平台和线下课堂,构建虚拟互动和面对面交流两种互动学习方式,促使师生平等互动交流,在讨论中实现深度学习。在线上学习中,师生基于微信、QQ群等交流平台,在线实时互动,教师发挥了主导作用,表扬积极提问和互动的学生,鼓励不爱发言的同学,并针对学生形成个性化辅导,从而实现因材施教。在线下课堂教学中,学生与学生之间开展团队交流、协作学习、深度学习,通过线上线下有效衔接,形成线上与线下深度学习的良性循环。在这种新型教学模式指导下,学生真正成为课堂学习的主体,教师转变自身角色,积极发挥课堂主导作用。通过传统教学和在线教学的有机结合,从而实现"1+1＞2"的效果。

3. 混合式教学在大学英语课堂教学中的优势

混合式教学在大学英语课堂教学中具有诸多优势,可以提高教学效率、丰富教学资源、增强师生互动、培养自主学习能力和实现个性化学习等。这些优势有助于提升学生的学习兴趣和效果,促进他们的全面发展和成长,主要体现在:

（1）突破时空限制，提高教学效率：混合式教学结合了线上和线下的教学方式，使得英语教学不再局限于传统的课堂时间和空间。学生可以在课后利用在线平台进行自主学习、巩固和拓展课堂知识，也可以提前预习和了解课程内容，从而提高课堂教学效率。

（2）丰富教学资源，提升学习兴趣：混合式教学可以利用网络平台为学生提供更加丰富、多样的教学资源，如英语原声电影、英语歌曲、英语文化讲座等，从而激发学生的学习兴趣和动力。同时，学生也可以根据自己的兴趣和需求选择适合自己的学习资源和路径。

（3）增强师生互动，促进交流合作：混合式教学注重师生互动和生生互动，通过线上讨论、小组协作等方式，促进学生之间的交流和合作。这种互动方式不仅可以增强学生的沟通能力和团队协作能力，还可以帮助教师及时了解学生的学习情况和问题，从而进行有针对性的指导和帮助。

（4）培养自主学习能力，提升学习效果：混合式教学强调学生的自主学习和自我管理能力的培养。通过线上学习，学生可以自主安排学习时间和进度，选择适合自己的学习方式和策略，从而培养自主学习能力。这种能力对于提高学生的英语学习效果和未来职业发展都具有重要意义。

（5）实现个性化学习，满足不同层次需求：混合式教学允许教师根据学生的不同水平和需求进行差异化教学。通过线上测试和评估，教师可以了解学生的学习情况和问题，从而制定个性化的教学计划和辅导方案。这种个性化学习方式可以满足不同层次学生的需求，使每个学生都能得到适合自己的指导和帮助。

4. 混合式教学在大学英语教学中的设计与实施——以北京旅游为例

北京，作为中国的首都和一座拥有丰富历史文化底蕴的城市，吸引着无数国内外游客。为了让大学英语专业的学生能够更好地了解北京旅游文化，提高他们的旅游英语应用能力，我们设计了一门以"北京旅游"为主题的混合式教学课程。该课程将线上自主学习与线下课堂教学相结合，旨在提高学生的旅游英语听说读写能力，并为他们未来从事旅游行业相关工作打下坚实基础。

（1）混合式教学设计

• 教学目标设定

让学生了解北京的历史文化、旅游景点和特色美食。

提高学生的旅游英语听说读写能力，使他们能够用流利的英语介绍北京旅游景点和提供的旅游服务。

培养学生的跨文化交流能力和团队协作精神。

• 教学内容选择

线上资源：包括北京旅游相关的英文介绍、教学视频、听力材料、模拟导游讲解等。

线下材料：包括北京旅游景点的实地考察、旅游行业专业人士的分享和讨论等。

• 线上教学活动设计

发布线上学习资源，引导学生自主学习北京旅游相关的英文介绍和教学视频。

设置在线测试，检验学生对北京旅游知识的掌握情况。

开展模拟导游讲解活动，让学生在线上平台上进行实践练习，提高口语表达能力。

• 线下教学活动设计

组织学生实地考察北京旅游景点，了解景点的历史文化和特色。

邀请旅游行业的专业人士进行分享和讨论，让学生了解旅游行业的最新动态和发展趋势。

开展角色扮演活动，模拟真实的旅游场景，让学生在实践中提高旅游英语应用能力。

• 评估与反馈机制设计

制定明确的评估标准，包括线上测试成绩、模拟导游讲解的表现、实地考察报告等。

定期给予学生反馈，指出他们的优点和不足，并提出改进的建议。

（2）混合式教学实施

• 线上教学实施

教师提前发布线上学习资源，包括北京旅游相关的英文介绍、教学视频等，学生根据自己的时间安排进行自主学习，了解北京的历史文化和旅游景点。

在学习过程中，学生需要完成在线测试，以检验自己的学习效果。教师可以通过后台数据查看学生的测试成绩和学习进度，及时了解学生的学习情况。

教师组织线上模拟导游讲解活动，要求学生提前准备讲解内容并进行实践练习。在活动中，学生可以互相评价和改进自己的表现，提高口语表达能力。

• 线下教学实施

教师组织学生实地考察北京旅游景点，如故宫、颐和园、天坛等。在实地考察中，学生需要观察景点的历史文化和特色，并用自己的语言进行描述和介绍。这有助于培养学生的观察力和语言表达能力。

教师邀请旅游行业的专业人士进行分享和讨论，让学生了解旅游行业的最新动态和发展趋势。通过与行业专家的交流，学生可以更加深入地了解旅游行业的工作内容和要求。

在课堂上，教师组织角色扮演活动，模拟真实的旅游场景。学生需要扮演导游和游客等角色，进行实际的对话和交流。这有助于学生在实践中提高旅游英语应用能力和跨文化交流能力。

• 评估与反馈

在课程结束后，教师根据学生的线上测试成绩、模拟导游讲解的表现、实地考察报告等进行综合评估。评估结果将作为学生课程成绩的重要组成部分。

教师定期给予学生反馈，指出他们的优点和不足，并提供改进的建议。这有助于学生及时了解自己的学习情况和进步程度，调整学习策略和方法。

通过以"北京旅游"为主题的混合式教学设计与实施，我们成功地提高了学生的旅游英语应用能力和跨文化交流能力。同时，学生也深入了解了北京的历史文化和旅游景点，为他们未来从事旅游行业相关工作打下了坚实基础。未来，我们将继续优化和完善混合式教学模式，探索更多适合大学英语专业的教学方法和手段，为学生的全面发展提供有力支持。

5. 教学方式创新的其他方式

教学方式的创新除了以上提及的翻转课堂、项目式教学以及混合式教学外，还有沉浸式学习（Immersion Learning）及自适应学习（Adaptive Learning）。其中沉浸式学习是一种将学习者完全置于目标语言环境中的教学模式。在这种模式下，学习者被要求只使用目标语言进行交流和学习，以加速语言习得过程。这种方法对于提高语言流利度和培养文化敏感性非常有效。而自适应学习是利用人工智能和数据分析技术，根据每个学习者的能力、兴趣和进度提供定制化的学习内容和路径。这种模式旨在实现个性化教学，使每个学生都能在最适合自己的环境中学习。这些新的教学模式正在全球范围内被广泛应用和探索，以期提高英语教学效果，满足学习者的多样化需求，并培养他们在全球化环境中成功交流和工作所需的语言技能。

第二节　创新教学内容

随着全球化的加速和国际交流的日益频繁,大学英语教育正面临着前所未有的挑战和机遇。传统的教学内容已经无法满足现代社会的需求,因此,对大学英语课堂的教学内容进行创新显得尤为重要。创新教学内容不仅能够激发学生的学习兴趣和积极性,还能够提高他们的语言应用能力和跨文化交际能力。

一、教学内容创新的现状研究

1. 大学英语课堂教学内容创新的必要性

在全球化的时代背景下,大学英语课堂教学内容的创新显得尤为重要。这不仅仅是因为英语作为国际通用语言的地位日益稳固,更是因为现代教育对于人才培养的需求已经发生了深刻的变化。创新大学英语课堂的教学内容,不仅是为了适应全球化的趋势,更是为了培养学生的综合素质,提高教学效果。

首先,随着全球化的不断深入,国际交流日益频繁,英语已经成为了沟通的桥梁和合作的纽带。在这样的背景下,大学英语课堂的教学内容必须紧跟时代的步伐,不断更新和完善。只有这样,才能确保学生掌握最新的语言知识和技能,从而更好地适应全球化的趋势和国际交流的需求。这不仅仅是为了让学生更好地完成学业,更是为了让他们在未来的职业生涯中具备更强的竞争力。

其次,现代社会对于人才的需求已经不仅仅局限于语言技能,更注重综合素质的培养。大学英语课堂不仅是教授语言知识的场所,更是培养学生综合素质的重要平台。因此,创新教学内容,注重培养学生的跨文化交际能力、批判性思维、创新能力等综合素质,已经成为了大学英语教学的重要任务。这样的教学内容不仅能够让学生更好地理解和融入国际社会,还能够为他们的未来发展奠定坚实的基础。

最后,创新大学英语课堂的教学内容也是提高教学效果的必然要求。传统的教学内容往往注重语法和词汇的教学,而忽视了学生的实际需求和兴趣。这样的教学方式不仅难以激发学生的学习兴趣和积极性,还可能导致他们对于英语学习产生厌倦和抵触的情绪。而创新的教学内容则能够根据学生的实际需求和兴趣进行有针对性地设计,从而激发学生的学习兴趣和积极性,提高教学效果。这样的教学方式不仅能够让学生更加主动地参与到学习中来，还能够让他们在轻松愉快的氛围中掌握更多的知识和技能。

综上所述，大学英语课堂教学内容的创新是适应全球化趋势、培养综合素质和提高教学效果的必然要求。在未来的教学中，我们应该不断探索和创新，为学生提供更加优质、丰富和实用的教学内容，为他们的全面发展提供有力的支持。同时，我们也需要时刻关注学生的需求和反馈，不断完善和调整教学内容，确保教学效果的最大化。只有这样，我们才能真正培养出既具备语言技能又具备综合素质的优秀人才，为社会的发展和进步做出更大的贡献。

2. 大学英语课堂教学内容创新的原则

（1）引入真实语料，创设真实语境

传统的教学内容往往以教材为主，缺乏真实性和趣味性。为了激发学生的学习兴趣和积极性，教师可以引入真实的语料，如新闻报道、社交媒体、电影、音乐等，创设真实的语境。这样不仅能让学生接触到真实的英语语境和文化背景，提高他们的语言应用能力，还能培养他们的跨文化交际能力。

（2）注重实践应用，培养实际能力

英语是一门实践性很强的语言，只有通过实践才能真正掌握。因此，教师需要设计实践性的教学任务和活动，如角色扮演、情景对话、项目合作等，让学生在实践中运用所学知识，培养他们的实际能力。这样的教学方式不仅能激发学生的学习兴趣和积极性，还能提高他们的合作能力和解决问题的能力。

（3）跨学科融合，拓宽知识视野

英语作为一门语言学科，与其他学科有着密切的联系。为了拓宽学生的知识视野和培养他们的综合素质，教师可以将英语与其他学科进行融合，如文学、历史、文化、科技等。这样的教学方式不仅能让学生更加深入地理解英语语言和文化，还能培养他们的跨学科思维和创新能力。

（4）个性化教学，满足不同需求

每个学生都有自己的学习需求和兴趣点，因此，教师需要提供个性化的教学内容和方式，以满足不同学生的需求。例如，对于口语能力强的学生，教师可以设计更多的口语练习任务；对于喜欢阅读的学生，教师可以推荐适合的英文原著。这样的教学方式不仅能激发学生的学习兴趣和积极性，还能提高他们的自主学习能力。

3. 大学英语课堂教学内容创新的挑战

大学英语课堂教学内容创新面临一定的挑战，但通过加强教师培训、完善教学资源库和实施差异化教学策略等对策，我们可以有效应对这些挑战，推动教学内容创新的顺利实施。

教师素质与观念：部分教师可能习惯于传统的教学方式，对于创新教学内容存在抵触心理，同时，也需要不断提升自身的跨学科知识和教学技能。应该定期组织教师培训，提升教师的创新意识和教学能力。同时，建立激励机制，鼓励教师积极参与内容创新实践来提升教师的素质与观念。

教学资源：创新内容往往需要丰富多样的教学资源支持，但现实中可能存在教学资源不足、更新不及时等问题，应投入更多资源建设和完善教学资源库，确保教学内容的时效性和丰富性。同时，鼓励教师自主开发教学资源，形成共享机制来完善教学资源。

学生差异：学生之间的英语基础和兴趣差异较大，如何满足不同层次学生的需求，确保每个学生都能从创新内容中受益，是一个重要挑战。针对不同层次的学生，设计差异化的教学任务和活动，实施差异化教学策略，确保每个学生都能得到适当的挑战和提升。同时，提供个性化的辅导和支持，帮助学生克服学习难点。

通过对大学英语课堂教学内容的创新概述，我们可以看到创新教学内容对于提高大学英语教学效果和培养学生的综合素质具有重要意义。未来，我们需要继续探索更多创新的教学内容和方法，为培养具有全球视野和国际竞争力的人才做出更大的贡献。同时，我们也需要关注教学内容创新面临的挑战和对策，不断提高教师的素质和教学资源的建设水平，为教学内容创新提供有力保障。

二、教学内容创新的对策与途径

1. 大学英语课堂教学内容创新的教学策略

在实施内容创新之前，首先要明确创新的目标。这些目标应该包括提高学生的英语应用能力、培养跨文化交际能力、增强学生的综合素质等。只有明确了目标，才能有针对性地进行内容创新。

（1）加强需求分析，了解学生需求

在进行内容创新之前，需要对学生的需求进行深入分析。通过调查问卷、座谈会等方式，了解学生的学习兴趣、学习难点和期望等，为内容创新提供有力支持。

（2）整合多元化教学资源

引入多样化的教学资源，如英文原著、英文电影、英文歌曲、英语新闻等，以激发学生的学习兴趣和积极性。同时，利用现代技术手段，如多媒体教学、网络教学等，提升教学效果。

（3）设计实践性强的教学活动

注重实践应用，设计具有实际意义的教学活动。例如，角色扮演、情景对话、项目合作等，让学生在实践中运用所学知识，提高他们的实际运用能力。

（4）建立跨学科的教学模式

将英语与其他学科进行融合，如文学、历史、文化、科技等，以拓宽学生的知识视野和培养他们的综合素质。通过跨学科的教学模式，让学生更加深入地理解英语语言和文化。

（5）实施个性化教学

针对学生的不同需求和兴趣，提供个性化的教学内容和方式。例如，对于口语能力强的学生，可以设计更多的口语练习任务；对于喜欢阅读的学生，可以推荐适合的英文原著。通过个性化教学，激发学生的学习兴趣和积极性，提高他们的自主学习能力。

（6）构建互动式的课堂氛围

鼓励学生积极参与课堂讨论和活动，营造互动式的课堂氛围。教师可以通过提问、小组讨论、分享等方式，引导学生深入思考和交流，提高他们的批判性思维和沟通能力。

（7）完善评价体系，注重过程评价

改变传统以考试成绩为主的单一评价方式，注重过程评价和学生综合能力的评估。通过观察、记录学生在课堂活动中的表现、作品完成情况等，全面评价学生的英语应用能力和综合素质。

2. 高校英语教学内容的创新实践途径

在全球化和信息化日益加速的今天，英语教育的重要性日益凸显。高校作为英语教育的重要阵地，其教学内容的创新显得尤为关键。这不仅关系到学生的语言技能培养，更与他们的国际视野、跨文化交流能力和专业领域的实际应用紧密相连。为了培养具有全球竞争力的高素质人才，高校英语教学内容的创新实践途径值得深入探讨。

（1）与时俱进，选取英语教材

在全球化的今天，英语教育的重要性不言而喻，而英语教材作为教学的基石，其选择更是至关重要。与时俱进的英语教材不仅能反映当代社会的发展，还能激发学生的学习兴趣和积极性。

首先，与时俱进的英语教材应该涵盖最新的科技、文化和社会动态。例如，可以加入人工智能、环境保护、全球化等热门话题，让学生了解世界的最新动态。同时，教材还应包含与日常生活息息相关的内容，如网络社交、电子商务等，使学生能够学以致用。

其次，教材的形式和内容应该多样化。除了传统的课文和练习题，还可以加入实景对话、角色扮演、互动游戏等元素，增加学习的趣味性和互动性。此外，教材的语言也应该地道、实用，让学生真正掌握英语这门语言。

最后，与时俱进的英语教材应该不断更新和完善。随着社会的不断发展，新的知识和信息不断涌现，英语教材应该紧跟时代的步伐，不断更新内容，确保学生学到的是最新、最实用的知识。

与时俱进的英语教材是提高英语教学质量的关键。我们应该注重教材的选择和更新，为学生提供优质、实用的学习资源，帮助他们在全球化的世界中更好地发展。

（2）引入多元文化内容，培养跨文化交际能力

语言是文化的载体，英语教学不仅仅是语言知识的传授，更是文化意识的培养。高校英语教学内容应当注重引入多元文化内容，让学生了解不同国家的历史、文化、习俗和价值观。通过对比中西方文化差异，培养学生的跨文化意识和跨文化交际能力。这不仅有助于学生在国际交流中减少误解和冲突，更能为他们在全球化背景下的发展奠定坚实的基础。

（3）结合专业领域知识，提高英语实际应用能力

随着国际交流的日益频繁，英语已经渗透到各个专业领域。高校英语教学内容应当结合学生的专业特点，开设与专业相关的英语课程。这样不仅可以提高学生的学习兴趣和积极性，还能帮助他们在专业领域内更好地应用英语。例如，对于商务英语专业的学生，可以开设商务英语写作、商务谈判等课程；对于医学专业的学生，可以开设医学英语阅读和医学术语等课程。通过这种方式，学生可以在学习英语的同时，提高自己的专业素养和实践能力。

（4）强化实践教学环节，提升英语实际运用能力

实践教学是提高学生英语实际运用能力的重要途径。高校英语教学内容应当注重实践教学环节的设计和实施。例如，可以组织学生进行英语角活动、模拟国际会议、英语戏剧表演等，让学生在实践中学习和运用英语。同时，还可以与企业合作，为学生提供实习机会，让他们在实际工作中运用英语进行交流和合作。这些实践活动不仅可以提高学生的英语实际运用能力，还能培养他们的团队协作和沟通能力。

（5）利用现代科技手段，丰富教学手段和内容

现代科技手段为英语教学提供了更多的可能性和便利。高校英语教学内容应当充分利用这些科技手段，丰富教学手段和内容。例如，可以利用多媒体和网络资源，制作生动有趣的课件和教学视频，提高学生的学习兴趣和参与度。同时，还可以利用在线学习平台和社交媒体等工具，为学生提供自主学习和互动学习的机会，增强他们的学习效果和自主学习能力。

（6）注重个性化教学，满足不同学生的学习需求

每个学生的学习需求和兴趣点都不尽相同。高校英语教学内容应当注重个性化教学，根据学生的实际情况和需求进行定制化的教学安排。例如，可以根据学生的英语水平和学习兴趣，为他们量身定制教学计划和教学内容；同时，还可以为学生提供个性化的学习指导和咨询服务，帮助他们更好地解决学习中遇到的问题和困难。通过这种方式，不仅可以满足不同学生的学习需求，还能激发他们的学习潜力和创造力。

（7）加强师资队伍建设，提高教师素质和教学能力

教师是教学内容创新的关键力量。高校应当加强师资队伍建设，提高教师的素质和教学能力。例如，可以定期组织教师进行培训和学术交流活动，更新他们的教学理念和教学方法；同时，还可以鼓励教师参与课程开发和教材编写等工作，发挥他们的创新精神和专业能力。这样不仅可以提高教师的教学水平和质量，还能为英语教学内容的创新提供有力的支持。

高校英语教学内容创新的实践途径包括与时俱进选取教材、引入多元文化内容、结合专业领域知识、强化实践教学环节、利用现代科技手段、注重个性化教学以及加强师资队伍建设等方面。这些措施可以共同促进高校英语教学的发展和提高英语教学质量。在未来的发展中，高校应当继续探索和创新英语教学内容和教学方法，为培养具有全球竞争力的高素质人才做出更大的贡献。

3. 创新教学内容应用

在传统的大学英语教学中，语法和词汇教学往往占据主导地位，而实际应用和跨文化交际能力培养相对不足。为了改变这一现状，提高学生的实际语言应用能力和跨文化交际能力，我们进行了一次创新性的教学内容尝试。为了确保内容的丰富性和实用性，教师选择了"全球文化交流"作为核心主题。这一主题不仅涉及语言学习，还涵盖了文化、历史和社会等多个方面。

（1）主题式学习（Thematic Learning）

小组讨论：学生被分成若干小组，每组选择一个特定的国家进行深入研究。他们需要探讨该国的文化特色、语言习惯、社交礼仪等，并准备相关的展示材料。

角色扮演：学生模拟真实场景，如国际商务会议、文化交流活动等，使用英语进行对话和互动。这不仅锻炼了学生的口语能力，还增强了他们的跨文化交流意识。

研究报告：学生需要撰写一篇关于所选国家文化的研究报告，包括对该国文化的深入分析、与本国文化的比较以及跨文化交流的建议等。

（2）真实语料引入（Authentic Materials Introduction）

语料选择：教师从各种来源选择真实的英语语料，如英文新闻报道、社交媒体帖子、电影片段等。这些语料涉及不同领域和话题，既有时事新闻，也有日常生活场景。

阅读理解：学生需要阅读并理解这些真实语料，提取关键信息，分析文章结构和语言特点。这有助于提高学生的阅读能力和理解能力。

讨论与分享：学生就所读语料进行讨论和分享，探讨其中的文化差异、语言习惯等。这有助于增强学生的跨文化意识和批判性思维能力。

（3）跨文化实践活动（Cross-cultural Practical Activities）

模拟国际会议：教师组织了一次模拟国际会议的活动，邀请外教担任评委，学生分组代表不同国家，就某个国际议题进行辩论和协商。这一活动旨在培养学生的口语表达能力、团队协作能力和跨文化交流能力。

活动准备：学生需要提前做好充分的准备，包括研究议题、准备发言稿、了解其他国家情况的立场和观点等。他们还需要进行多次排练和模拟，确保在正式活动中表现出色。

活动实施：在模拟国际会议中，学生使用英语进行发言和辩论，展示自己的观点和立场。评委和外教会对学生的表现进行点评和建议，帮助他们进一步提高。

（4）跨学科融合（Interdisciplinary Integration）

学科融合：为了让学生更加全面地了解不同文化，教师可以将英语课程与文学、历史、艺术等其他学科进行融合。例如，在学习某个国家的文化时，可以结合该国的文学作品、历史背景和艺术特色进行综合学习。

文学作品分析：学生需要阅读并分析某个国家的文学作品，如小说、诗歌、戏剧等。通过分析作品中的语言、情节和文化元素，学生可以更深入地了解该国的文化和价值观。

历史背景研究：学生需要研究某个国家的历史背景和发展轨迹，包括重要历史事件、社会变革等。这有助于学生理解该国的文化渊源和发展脉络。

艺术特色欣赏：学生需要欣赏并了解某个国家的艺术特色，如绘画、音乐、舞蹈等。通过欣赏艺术作品，学生可以更加直观地感受该国的文化魅力和艺术风格。

这些创新性的教学内容不仅提高了学生的英语应用能力和跨文化交际能力，还培养了他们的综合素质和全球视野。通过主题式学习、真实语料引入、跨文化实践活动和跨学科融合等策略的实践，学生在英语学习中的主动性和积极性得到了充分激发，学习效果也得到了显著提高。

第三节 教学资源与技术创新

在大学英语教学中，教学资源与技术创新主要指的是利用先进的教学技术和丰富的教学资源来改进和优化传统的教学模式，从而提高教学效果和学生的学习体验。

教学资源创新主要体现在教学内容的丰富和更新上。包括引入最新的英语教材、教学课件、案例库等，以及利用互联网资源，如英语教学网站、在线课程等，为学生提供更加广泛和深入的学习材料。这些资源不仅有助于学生掌握基础语言知识，还能帮助他们了解英语国家的文化、历史和社会背景，提高他们的跨文化交际能力。

技术创新则主要体现在教学方法和手段的更新上。例如，利用多媒体技术、网络技术、人工智能等现代信息技术手段，教师可以创建在线学习平台、虚拟教室等教学环境，实现线上线下的混合式教学。这种教学模式不仅突破了传统课堂的时间和空间限制，还能为学生提供更加个性化、自主化的学习体验。同时，技术创新还包括利用大数据、学习分析等工具来评估学生的学习进度和效果，为教师提供更加精准的教学反馈和建议。

总的来说，教学资源与技术创新在大学英语教学中发挥着重要作用，它们不仅有助于提高教师的教学水平和学生的学习效果，还能推动大学英语教学的现代化和国际化发展。

一、教学资源创新

1. 教学资源创新的原则

教学资源创新在英语教学中体现在引入多元化、互动性、实践性和个性化的教学资源，以及整合跨文化资源等方面。

（1）多元化教学材料的引入：教学资源创新包括引入多种类型和来源的教学材料，如英文原著、新闻报道、社交媒体帖子、电影、电视剧和真实场景对话的录音或视频等。这些多元化的材料不仅提供了丰富的语言输入，还有助于学生更深入地了解英语国家的文化和社会背景。

（2）互动性和实践性的增强：教学资源创新还体现在通过技术手段增强教学互动性和实践性。例如，利用在线学习平台和应用程序，学生可以进行角色扮演、模拟对话、在线协作等互动学习活动。这种实践性的学习方式有助于学生更好地应用所学知识，提高语言实际运用能力。

（3）个性化学习资源的提供：教学资源创新还体现在为学生提供个性化的学习资源。通过分析学生的学习需求、兴趣和学习进度，教师可以为他们推荐合适的学习材料和学习路径。这种个性化的学习体验有助于激发学生的学习兴趣和动力，提高学习效果。

（4）跨文化资源的整合：在英语教学中，引入跨文化资源也是教学资源创新的一种体现。通过整合不同国家和地区的文化、历史、社会背景等资源，教师可以帮助学生更好地理解和适应不同的文化环境，提高他们的跨文化交际能力。

这些创新实践有助于为学生提供更加丰富、多样和个性化的学习体验，提高他们的英语水平和跨文化交际能力。

2. 数字化教材建设

随着信息技术的迅猛发展和广泛应用，数字化已经成为各行各业转型升级的重要方向。在教育领域，数字化教材建设成为了推动教育改革和创新的重要手段。数字化教材不仅丰富了教学资源，提高了学生的学习效率，还为学生提供了更加个性化、自主化的学习体验。

（1）数字化教材建设的意义

• **适应信息化时代的发展需求**：随着信息技术的普及，学生越来越习惯于使用电子设备进行学习。数字化教材能够满足这一需求，使学习内容更加符合当代学生的学习习惯。

• **提高学习效率**：数字化教材通常包含丰富的多媒体内容、互动练习和即时反馈机制，能够激发学生的学习兴趣，提高学习效率。

• **促进教育公平**：数字化教材可以突破地域限制，让偏远地区的学生也能享受到优质的教育资源，促进教育公平。

（2）数字化教材建设的优势

• **内容丰富多样**：数字化教材可以整合文字、图片、音频、视频等多种媒体资源，为学习者提供更为丰富多样的学习材料。

• **交互性强**：数字化教材通常具备交互性功能，如在线测试、虚拟实验等，学习者可以通过与教材的互动来加深对知识的理解。

• **个性化学习体验**：数字化教材能够根据学习者的学习情况和兴趣爱好进行定制化的内容推荐和学习路径规划，为学习者提供个性化的学习体验。

• **便捷性高**：数字化教材可以随时随地通过电子设备进行学习，不受时间和地点的限制，为学习者提供了极大的便捷性。

（3）数字化教材建设面临的挑战

虽然数字化教材建设具有诸多优势，但在实践过程中也面临一些挑战：

• **技术门槛较高**：数字化教材的建设需要一定的技术支持，如数字内容制作、平台搭建等。这对于一些缺乏技术储备的教育机构来说是一个挑战。

• **版权保护问题**：数字化教材涉及大量的知识产权问题，如何保护原创内容、防止盗版等是数字化教材建设需要解决的重要问题。

• **教师培训需求**：数字化教材的使用需要教师具备一定的信息技术素养和教学能力。因此，加强教师培训是数字化教材建设的重要环节。

（4）数字化教材建设的实践策略

数字化教材不仅能够提供更加丰富多样的学习资源，还能够满足学生个性化学习的需求，提高学习效率。为了有效推进数字化教材建设，以下是一些实践策略。

• 明确建设目标

在数字化教材建设初期，应明确建设目标，包括提高教学质量、促进学生自主学习、满足个性化学习需求等。明确的目标有助于指导后续的建设工作，确保数字化教材能够满足实际需求。

• 建立数字化教材平台

建立一个功能完善、易于操作的数字化教材平台是数字化教材建设的核心。这个平台应能够支持多种媒体资源的整合，提供在线学习、互动交流、作业提交等功能。同时，平台还应提供良好的用户体验，方便学生和教师使用。

• 制定数字化教材标准

为了确保数字化教材的质量和兼容性，应制定数字化教材的制作标准、格式要求、质量标准等。这些标准应涵盖内容设计、媒体呈现、交互设计等方面，确保数字化教材能够满足学生的学习需求。

• 加强教师培训

数字化教材的使用需要教师具备一定的信息技术素养和教学能力。因此，应加强教师培训，提高他们的数字化教材制作和使用能力。培训内容可以包括数字化教材设计原理、制作工具使用、在线教学技巧等。

• 促进多方合作

数字化教材建设需要教育机构、教师、学生和企业的共同参与和合作。通过与企业的合作，可以引入先进的技术和资源，推动数字化教材的创新发展。同时，也可以与其他教育机构合作，共同开发数字化教材和教学资源，实现资源共享。

• 完善评估与反馈机制

数字化教材建设是一个持续改进的过程。为了确保数字化教材的质量和效果，应建立完善的评估与反馈机制。通过收集学生、教师和企业的反馈意见，及时发现问题并进行改进，不断提高数字化教材的质量和适应性。

• 注重版权保护

在数字化教材建设过程中，应注重版权保护，尊重原创作品的知识产权。可以采取技术手段进行版权保护，如数字水印、加密技术等，防止盗版和侵权行为的发生。

数字化教材建设是教育现代化的重要方向，具有丰富的教学内容、强大的交互性、个性化的学习体验和高度便捷性等优势。然而，在实践过程中也面临着技术门槛、版权保护和教师培训等挑战。为了推进数字化教材建设，需要建立数字化教材平台、制定数字化教材标准、加强教师培训、加强与企业的合作和完善版权保护机制等实践策略。通过不断探索和实践，数字化教材建设将为学生的学习和发展提供更好的支持和保障。

同时，我们也应看到数字化教材建设是一个长期而复杂的过程，需要教育机构、教师、学生和企业的共同努力和合作。只有充分发挥各方优势，形成合力，才能推动数字化教材建设的深入发展，为构建更加公平、高效、创新的教育体系贡献力量。

二、技术创新

1. 英语教学中技术创新途径

在英语教学中，技术创新体现在多个方面，为教学带来了前所未有的变革。这些创新不仅提升了教学效果，还极大地丰富了学生的学习体验。

（1）在线学习平台与虚拟教室：随着网络技术的发展，在线学习平台和虚拟教室成为了英语教学的重要工具。学生可以在任何地点、任何时间进行学习，打破了传统课堂的时空限制。这种教学模式为学生提供了更加灵活的学习选择，同时也为教师提供了更多的教学手段和评估方式。

（2）多媒体与互动式教学：多媒体技术的应用使得英语教学更加生动、形象。通过图片、音频、视频等多种形式的展示，教师可以为学生创造更加逼真的语言学习环境。此外，互动式教学技术的引入，如在线讨论、实时问答等，增强了学生与教师之间的互动，提高了学生的学习积极性。

（3）智能辅助系统与个性化学习：随着人工智能技术的发展，智能辅助系统在英语教学中得到了广泛应用。这些系统可以根据学生的学习进度、兴趣爱好和学习能力，为他们推荐合适的学习资源和学习路径。学生可以根据自己的需求进行个性化学习，提高学习效率。

（4）语言学习与评估工具：技术创新还体现在语言学习与评估工具的开发上。例如，智能语音识别技术可以帮助学生进行口语练习和评估；自然语言处理技术可以辅助学生进行写作练习和语法检查；大数据分析技术可以为教师提供学生的学习进度和效果反馈，帮助他们更好地调整教学策略。

（5）跨文化交流与技术融合：技术创新还为跨文化交流提供了更多机会。通过在线学习平台和社交媒体等工具，学生可以与来自不同国家和地区的同学进行交流和互动，了解不同国家的文化和风俗习惯。这种跨文化交流有助于培养学生的全球视野和跨文化交际能力。

（6）移动设备与无缝学习体验：移动设备的普及使得学生可以随时随地学习英语。英语学习应用程序、在线课程和学习管理工具等都与移动设备无缝对接，为学生提供了便捷、高效的学习体验。

这些技术创新为英语教学带来了巨大的变革和潜力，推动了英语教学向更加高效、个性化和国际化的方向发展。

2. 语言学习与评估工具

• 在线学习平台

Duolingo：这是一个免费的多语言学习平台，提供游戏化学习体验，包括词汇、语法、听力和口语练习。

Rosetta Stone：这款软件采用基于图像的学习方法，帮助学生通过识别图像与声音的联系来学习新语言。

• 移动应用程序

HelloTalk：这是一个语言交流社区，用户可以与母语者进行实时语音对话练习，提高口语和听力能力。

Duolingo Mobile：与在线平台相对应的手机应用程序，方便学生在移动设备上随时随地进行学习。

• 语言实验室

ELLIS（English Language Learning and Instructional Services）：某些大学或机构提供的语言实验室，配备有先进的设备和技术，供学生进行模拟对话和角色扮演练习。

• 在线词典

Merriam-webster Dictionary：提供详细的单词释义、词源、发音和例句，是学生学习英语时常用的在线词典。

• 自适应性学习系统

Khan Academy：这款在线学习平台采用自适应算法，根据学生的学习进度和表现提供个性化的学习资源和反馈。

• 在线评估和测试系统

TOEFL iBT：这是一个用于评估非英语母语者英语能力的标准化考试，提供在线模拟测试和真实考试体验。

• 交互式电子白板

Zoom：除了作为视频会议工具，Zoom 还提供了交互式电子白板功能，支持多人同时标注和编辑，增强课堂互动。

这些工具各具特色，涵盖了语言学习的多个方面。教师和学生可以根据具体需求和教学目标选择适合的工具，以提高语言学习效果和效率。同时，这些工具也可以相互补充，形成一个完整的学习生态系统。

3. 案例分析——以"interview"为主题

随着全球化的不断深入，英语作为国际通用语言在求职过程中的重要性日益凸显。面试作为求职的重要环节，不仅要求应聘者具备扎实的英语语言能力，还需要他们掌握一定的面试技巧和跨文化交际能力。因此，在大学英语教学中，以"面试"为主题进行教学内容创新，对于提高学生的就业竞争力和综合素质具有重要意义。

（1）模拟真实的面试场景

为了使学生更好地适应未来的面试环境，我们可以在教学中引入模拟面试环节。具体做法如下：

• 环境模拟：搭建一个接近真实面试环境的场所，包括面试室的布置、面试桌椅的摆放等，让学生在仿真的环境中进行面试练习。

• 角色扮演：教师扮演面试官的角色，学生则扮演应聘者。在模拟面试中，教师可以根据学生的表现给予及时的反馈和建议，帮助学生发现问题并进行改进。

• 场景拓展：除了常规的面试场景外，还可以引入电话面试、视频面试等不同形式的面试场景，让学生适应不同形式的面试环境。

通过模拟真实的面试场景，学生可以更加直观地了解面试的过程和要求，提高自己的应变能力和自信心。同时，这种教学方式也能够激发学生的学习兴趣和参与度，使英语教学更加生动有趣。

（2）教授面试常用语言表达

在面试过程中，应聘者需要运用英语进行自我介绍、回答问题、表达意愿等。因此，教授学生一些常用的面试语言表达是非常重要的。我们可以结合具体的面试场景和案例，教授学生一些实用的英语表达技巧，如：

• 自我介绍：如何简洁明了地介绍自己的教育背景、工作经验和个人优势。

I hold a [degree] in [major] from [university].

Upon completing my studies at [university], I acquired a solid foundation in [subject].

I have [number] years of experience in [industry/field], having worked at [company] in the role of [position].

During my tenure at [company], I successfully [achievement/project], which contributed to [company's goal/outcome].

One of my key strengths is [skill/trait], which I have leveraged to [example of application].

I pride myself on my [skill/trait], which has been instrumental in [achievement or outcome].

• 回答问题：如何准确地理解问题并给出恰当的回答；如何运用英语进行逻辑清晰的论述。

To answer your question, [summary of the question].

I believe you're asking about [clarification of the question], and my response is [answer].

First and foremost, [main point 1]. Secondly, [main point 2], which ties in with [how it relates to the first point]. Lastly, [conclusion or summary].

In my opinion, [main point], supported by [evidence or example]. Furthermore, [additional argument] which reinforces my position.

The reason why I believe [statement] is because [explanation]. This is backed up by [evidence or example].

• 表达意愿：如何表达自己的职业目标和对公司的热爱；如何展示自己的积极态度和热情。

My career aspiration is to [long-term goal], and I am currently [steps taken towards that goal].

I am aiming to [specific career milestone] within the next [time frame], as it aligns with my passion for [related field].

I am extremely excited about the opportunity to join [company], because [reason for enthusiasm].

The values and mission of [company] resonate strongly with my own, making it an ideal fit for my career aspirations.

通过讲授这些常用的面试语言表达，学生可以更加自信地进行英语面试，同时也能够提高自己的英语水平和表达能力。

（3）培养跨文化面试技巧

在全球化的背景下，学生不仅需要掌握英语语言知识，还需要具备跨文化交际能力。因此，在英语教学中，我们可以引入跨文化面试技巧的培养。具体做法如下：

• 文化差异解析：介绍不同文化背景下的面试习惯和期望，让学生了解不同文化之间的差异，避免在面试中出现误解或不当行为。

• 礼仪和着装指导：教授学生正确的面试礼仪和着装要求，让他们了解不同文化背景下的礼仪规范和着装习惯，以展现出最佳的形象。

• 跨文化沟通策略：教授学生如何与不同文化背景的人进行有效沟通，如倾听技巧、提问方式、回答策略等，以提高他们在跨文化面试中的沟通效果。

通过培养跨文化面试技巧，学生可以更好地适应不同文化背景下的面试要求，提高自己的跨文化交际能力。这对于他们未来的职业发展具有重要意义。

（4）引入行业面试知识

不同行业对面试者的要求和期望有所不同。因此，在大学英语教学中，我们可以引入行业面试知识的教学，帮助学生了解不同行业的面试特点和要求。具体做法如下：

• 行业分析：对不同行业进行简要介绍和分析，让学生了解各行业的发展趋势、竞争状况以及对应的职业发展方向。例如，选取与飞机维修相关的英文文章或新闻报道，让学生阅读并回答问题。这不仅可以提高学生的阅读理解能力，还能让他们了解飞机维修行业的最新动态和发展趋势。

• 行业英语术语教学：教授学生一些常见的行业英语术语和专业词汇，让他们在英语面试中能够准确表达自己的观点和经验。例如，教授与飞机维修相关的专业词汇，如 engine（发动机）、landing gear（起落架）、fuselage（机身）等。可以通过图片、视频等多媒体资源辅助教学，帮助学生更好地理解和记忆这些词汇。

通过引入行业面试知识的教学，学生可以更加有针对性地准备英语面试，提高自己的就业竞争力。同时，这种教学方式也能够拓宽学生的知识面和视野，为他们未来的职业发展打下坚实的基础。

（5）面试后的反馈与总结

面试后的反馈与总结是提升面试技能的重要环节。在大学英语教学中，我们可以安排专门的时间让学生分享面试经验、接受反馈并进行总结。具体做法如下：

• 分享面试经验：鼓励学生分享自己在模拟面试或真实面试中的经验和感受，包括成功和失败的经历、遇到的挑战以及应对策略等。

• 接收反馈：教师和其他学生可以对分享者的表现提供反馈和建议，帮助他们发现自己的不足之处并进行改进。同时，也可以邀请专业人士或校友分享他们的面试经验和建议，为学生提供更多的参考和启示。

• 总结提升：在接收反馈后，学生需要对自己的表现进行反思和总结，找出自己的不足之处并制定改进计划。同时，也可以总结一些成功的经验和策略，以便在未来的面试中更好地运用。

通过面试后的反馈与总结，学生可以更加全面地了解自己的面试表现和不足之处，从而有针对性地进行改进和提升。这种教学方式不仅能够提高学生的面试技能，还能够培养他们的自我反思和学习能力。

第三章　高校英语教学实施的效果评价

高校英语教学实施的效果评价是一个综合性的过程，它涉及多个方面，包括教学目标是否达成、教学内容是否适当、教学方法是否有效、学生的学习成果如何等。具体如下：

• **教学目标达成度**：评价的首要任务是确定教学目标是否得到有效实现。这包括学生对课程内容的理解程度、掌握的语言技能和应用的能力等方面。通过考试、作业、课堂讨论、项目等形式，可以评估学生对知识点的掌握程度以及实际应用能力。

• **教学内容与方法的评估**：教学内容是否与时俱进、是否符合学生的需求和兴趣，以及教学方法是否恰当、是否能够激发学生的学习兴趣，都是评价的重要内容。教师需要定期回顾和更新教学内容，确保其与行业需求和学生兴趣相符。同时，教学方法的选择和运用也需要根据学生的学习风格和需求进行调整。

• **学生满意度调查**：学生对课程的满意度是评价教学效果的重要指标之一。通过问卷调查、面对面访谈等方式，可以了解学生对课程内容、教学方法、教师表现等方面的看法和建议。这些反馈可以为教师改进教学提供宝贵的参考。

• **学生学习成果评估**：学生的学习成果是评价教学效果的直接体现。除了传统的考试和作业评估外，还可以通过项目完成情况、口头报告、团队合作等方式来评估学生的学习成果。这些评估方式可以更加全面地了解学生的学习情况和能力发展。

• **教师教学效果评估**：教师的教学效果也是评价的重要内容之一。这包括教师的专业知识水平、教学态度、教学方法和技巧等方面。通过同行评议、学生评价等方式，可以对教师的教学效果进行评估和反馈。

高校英语教学实施的效果评价是一个全面而复杂的过程，需要综合考虑多个方面的因素。通过科学、客观的评价方法，可以了解教学效果的实际情况，为教学改进提供有力的支持。

第一节　构建以"学"为中心的高校课堂教学评价指标体系

一、高校英语教学的主要评价方式

除了传统的终结性评价、形成性评价、诊断性评价和多元评价外，近年来高职英语教学中还引入了一些新的评价方式，这些评价方式更加注重学生的全面发展、参与度和实际应用能力。以下是一些新的评价方式：

• 真实性评价（Authentic Assessment）：真实性评价强调评价任务的真实性和情境性，让学生在真实的语境中展示他们的语言能力和应用能力。例如，教师可以设计一些与现实生活或职业场景相关的任务，如模拟商务谈判、撰写学术论文等，来评估学生的英语应用能力。

• 表现性评价（Performance Assessment）：表现性评价关注学生在特定任务中的实际表现，而不是仅仅依赖于传统的笔试成绩。这种评价方式可以通过观察、录音、录像等方式记录学生的表现，如口语表达、演讲、戏剧表演等，以全面评估学生的英语水平和能力。

• 自我评价（Self-assessment）：自我评价鼓励学生对自己的学习过程和成果进行反思和评价。通过自我评价，学生可以更加清晰地了解自己的优点和不足，从而制定更有效的学习计划。教师可以提供自我评价的指导和支持，帮助学生提高自我评价的能力。

• 同伴评价（Peer Assessment）：同伴评价是指学生之间相互评价彼此的学习成果。通过同伴评价，学生可以相互学习、交流和提高，同时也可以培养团队合作和批判性思维的能力。教师可以设定明确的评价标准和指导，确保同伴评价的公正性和有效性。

• 电子档案袋评价（Electronic Portfolios）：电子档案袋评价是一种记录学生学习过程和成果的评价方式。学生可以将自己的作品、反思、学习计划等放入电子档案袋中,以便随时查看和回顾。电子档案袋评价可以帮助学生更好地了解自己的学习过程和发展轨迹,同时也可以为教师提供全面的学生学习信息。

这些新的评价方式在高校英语教学中的引入,不仅可以更加全面、客观地评估学生的学习成果和能力发展,还可以激发学生的学习兴趣和积极性,提高他们的自主学习能力和参与度。同时,这些评价方式也需要教师投入更多的时间和精力来设计和实施,以确保评价的有效性和公正性。

二、各种评价方式的优缺点

各种评价方式都有其独特的优缺点,如表 3-1,教师在选择和使用时应根据具体的教学目标和学生的实际情况进行综合考虑和权衡。同时,也可以尝试将多种评价方式相结合,以更全面地评估学生的学习成果和能力发展。

表 3-1 各种评价方式的优缺点

评价方式	优点	缺点
终结性评价	简单易行; 目标清晰,便于学生了解自己的学习水平	重结果轻过程,忽视学习过程中的努力和变化; 可能导致应试行为,学生只关注考试内容
形成性评价	注重过程,反映学生在学习过程中的变化和进步; 有利于教师及时调整教学策略	操作复杂,需要持续观察和记录学生的表现; 主观性强,评价结果可能受到教师主观判断的影响
多元评价	全面评估学生的听、说、读、写等各方面的能力,提高学生的学习兴趣和积极性	操作复杂,需要设计多种评价任务和活动; 可能增加学生的学习负担
真实性评价	情境真实,让学生在真实的语境中展示应用能力; 评价结果更能反映学生在实际生活中的英语应用能力	设计难度大,需要符合真实性要求的评价任务和情境; 评分标准难以统一,不同教师可能有不同的评分标准

续表

评价方式	优点	缺点
表现性评价	注重表现，能够直接观察学生的实际表现，评价更加客观； 有利于培养学生的实际应用能力	耗时耗力，需要教师投入大量时间和精力来设计和组织评价活动； 评价标准难以确定，对于某些复杂的任务可能难以制定明确的评价标准
自我评价	培养自主学习能力，学生能够更好地反思自己的学习过程和成果； 帮助学生更加清晰地了解自己的优点和不足	主观性强，可能受到个人主观因素的影响； 需要教师的指导和支持，以确保评价的有效性和公正性
同伴评价	促进合作学习，学生之间可以相互学习和交流； 有利于培养学生的批判性思维和团队合作能力	主观性强，可能受到个人主观因素的影响； 需要教师的指导和监督，以确保评价的公正性和有效性
电子档案袋评价	便利性：电子档案袋易于创建、修改和共享，可以随时随地访问和更新，方便教师和学生使用； 存储容量大：电子档案袋可以存储大量的文件，包括文本、图片、音频和视频等，能够全面记录学生的学习过程和成果； 便于跟踪和评估：电子档案袋可以清晰地展示学生的学习轨迹和进步，便于教师跟踪和评估学生的学习情况，及时调整教学策略； 促进自主学习：电子档案袋鼓励学生自主整理和反思自己的学习过程和成果，培养学生的自主学习能力和自我管理能力	技术依赖性：电子档案袋评价需要依赖计算机和网络等技术，如果技术出现问题，可能会影响评价的顺利进行； 安全性问题：电子档案袋存储的信息需要保护，以免被未经授权的人员访问或篡改，因此需要加强数据安全和隐私保护； 工作量大：创建和管理电子档案袋需要投入大量的时间和精力，尤其是对于大量的学生作品和反馈，需要花费更多的时间和精力来整理和分析； 评价标准的确定：电子档案袋评价需要制定明确的评价标准，以确保评价的客观性和公正性，但这可能需要花费更多的时间和精力

三、构建以"学"为中心的高职课堂教学评价指标体系的原则和方法

高职课堂教学评价包含了课堂教学要素、课堂教学结构及教学效果评价三个方面。以"学"为中心的高职课堂教学评价要素评价要求教师将教学目标、教学内容、教学方法转换成学生的学习目标、学习内容及学习方法，发掘学生的主观能动性、彰显学生的课堂主体性地位。课堂教学要素评价的主要内容为：学习目标是否符合高职学生职业要求，学习内容是否与职业岗位相吻合，课堂的管理是否围绕学生参与课堂活动展开等等。

以"学"为中心的高职课堂教学结构评价不仅体现在传统教学论中的时空结构，即教学时间的分配以及教学空间的布局规划，而且还包含"教"与"学"的组织与设计。主要内容体现在：高职课堂的教学时间分配上体现学生的主体地位，针对理论课、理实一体课及实训课等不同类型的课程，"教"与"学"的时间比是否合理，教学空间布局是否合理，教学方法能否激发学生学习的兴趣，课堂设计是否因材施教充分调动了学生的课堂积极性，并让他们最大限度地参与到课堂实践中。课堂教学效果的评价是在课堂教学要素与结构评价的基础上，分析课堂教学目标与学生对知识的掌握程度之间的差距，是课堂教学诊断的宏观评价。以"学"为中心的高职课堂教学效果评价主要体现在学生对课程的兴趣、学习气氛以及学习效果上，学生听课是否积极，能否运用课堂所授知识解决相关实际问题。

教学评价指标体系的设计是对学校教育理念和质量标准的明确，既要体现可学性和合理性，又要突出导向性和可测性。以"学"为中心的高职课堂教学评价指标设计，应遵循以下原则：

1. 凸显职教性

高职课堂教学的教学目标、教学内容及教学设计等课堂教学的评价都应符合学生职业岗位的要求以及职业教育的特点，突出高职学生职业性特点。

2. 强调交互性

教师的教授与学生的学习是课堂教学的两个方面，以"学"为中心的课堂教学评价，应该根据专业特点合理使用多种教学方法，激发学生的学习兴趣，发挥学生的学习主体作用，强调与教师的交流与互动。

3. 关注成长性

我国高校课堂教学评价的实践中，"以教论教"的现象依然较为普遍，强调

教师在传播知识过程中的重要性，以教师行为和学生得到的知识量来评价课堂教学效果。以"学"为中心的课堂教学评价指标增加了学生对课堂教学的直观看法、听课与参与课堂活动的积极性是否有所提高以及是否提高了学生解决实际问题的能力等方面，评价指标反映学生学习成长结果。

四、以"学"为中心的高职课堂教学评价指标在实际教学中的应用和效果

1. 以"学"为中心的课堂教学评价指标及权重

以"学"为中心的高职课堂教学评价指标，站在学生的角度，抽取学生易于观测到的环节以及要素作为评价点，具体的评价内容设计指向某一具体的教学行为或学习要素，易于学生理解，避免语义模糊，其根本目的就是指导教师从哪些方面、哪些环节提高教学质量，实现"教学相长"。

构建以"学"为中心的高职课堂教学评价指标体系的主要步骤为：教学评价理论的研究—现有教学评价的调研—校内评价指标的初建—指标的修正与测试。评价指标体系的主要内容包含：课堂要素评价、课堂结构评价以及课堂效果评价3个一级指标，课堂环节、课堂管理、教学目标、教学资源、教学内容、教学时间、教学空间、师生关系、教学互动、教学设计、学习兴趣、学习氛围和学习效果等13个二级指标以及各项指标的评价内容和权重。（详情见表3-2）

表3-2 以"学"为中心的课堂教学评价指标体系及权重

一级指标	二级指标	评价内容	权重
课堂要素（30）	课堂环节	课前准备充分，讲课充满激情，课后作业反馈及时，考核办法公平恰当	0.05
	课堂管理	学生不迟到、不早退、出勤率高；不做与上课无关的事情	0.05
	教学目标	教学目标定位明确，能力目标突出，且符合学生就业岗位要求	0.05
	教学资源	教学资源多样（教具、挂图、音频、视频、微课等），线上线下相结合	0.05
	教学内容	教学内容与实际应用相结合，讲解清楚易懂，重难点突出，符合学生实际工作岗位要求	0.1

续表

一级指标	二级指标	评价内容	权重
课堂结构（教学组织）（40）	教学时间	课堂"教"与"学"的时间比例合理，充分体现教师的主导地位及学生的主体地位，非满堂灌的"填鸭式"教学	0.05
	教学空间	课堂教学空间布局合理，台下授课，关注所有学生的学习状态	0.05
	师生关系	教书育人，关爱学生，尊重学生，主动关心、帮助学生	0.05
	教学互动	课堂教学有效地组织学生讨论、鼓励学生表达自己观点或提问且耐心解答	0.1
	教学设计	在分析学生的学习特征、动机及课程要求等学情下因材施教，教学理念先进，教学资源运用合理，语言规范简洁生动形象，课堂驾驭能力强	0.15
课堂效果（30）	学习兴趣	激发学生对课程学习的兴趣	0.05
	学习氛围	学生听课积极性高，课堂气氛活跃	0.05
	学习效果	学生学会了大部分知识，相关能力得到较好培养与提升，能运用课堂所授知识解决相关实际问题，课程学习收获大	0.2

2. 以"学"为中心的课堂教学评价指标体系应用

为进一步了解我院学生对课堂教学的评价，在以学生为评价主体的基础上，根据我院的学生评教指标要求以及我院的具体情况，从课堂要素、课堂结构及课堂效果3个一级指标，以及课堂环节、课堂管理、教学目标、教学资源、教学内容、教学时间、教学空间、师生关系、教学互动、教学设计、学习兴趣、学习氛围和学习效果等13个二级指标设计了《以"学"为中心的课堂教学评价反馈表》。

本次教学信息反馈涉及了学院126个班开设的301门课程（225门理论课，76门实训课）的课堂教学情况，共收到有效信息反馈表246份。由于各教学院部课程特点与师资差异，各教学院部满意的课程与需要改进的课程比例各不相同。学生反馈 660 门次满意的课程，其中机电学院 93 门次、电子学院 133 门次、机制学院 128 门次、管理学院 61 次、基础学院 178 次，其他（含体育课部、士官学院、学生处、大学生就业创业中心）部门 67 门次；在学生提及的 148 门次需要改进的课程中，机电学院 12 门次、电子学院 37 门次、机制学院 22 门次、管理学院 10 门次、基础学院 45 门次，其他部门 22 门次，具体如图 3-1 所示：

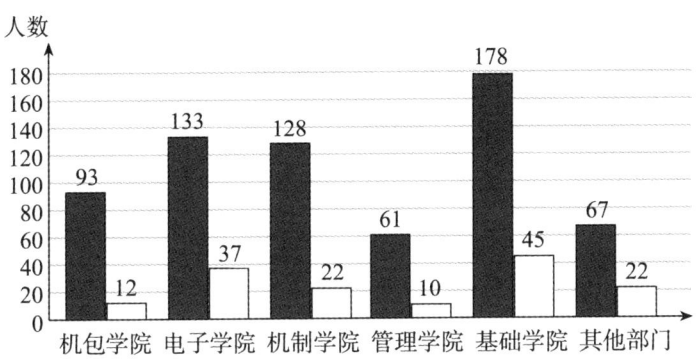

图 3-1　全院各教学院部学生反馈最满意课程及需改进课程门次汇总

经统计全院学生最满意的课程为 660 门次，平均得分为 96.00 分；148 门次的课程学生认为需要进一步改进，平均得分为 80.10 分。学生认为满意的课程和需要改进的课程各二级指标的满意度及其平均得分情况如表 3-3 所示。从统计结果来看，学生最满意的课程有 12 个二级指标，满意度均在 95% 以上，其中得分最高的是课堂环节、教学目标及师生关系 3 个二级指标，分别为 97.8%、97.6% 以及 97%。也就是说学生对绝大部分教师课前准备、课堂设计的实施、课后作业反馈、考核评价等教学环节的把握很满意，学生认为课程教学绝大部分教师教学目标定位明确，能力目标符合学生就业岗位要求且能把教书育人、关爱学生等贯穿课堂教学中。学生认为需要改进的课程中各项二级指标的满意度稍低，其中学生学习兴趣、课堂学习氛围、教学内容、教学互动这 4 项二级指标的满意度在 70%—76% 之间，其余 9 项满意度在 80% 以上。这说明某些课程存在以下问题：（1）课堂教学没有很好地激发学生的学习兴趣，学生听课积极性不高；（2）教学内容与实际应用的结合性不强；（3）课堂教学教师没有有效地组织学生表达自己的观点、积极参与课堂讨论等。

表 3-3　以"学"为中心的课堂教学评价各级指标平均得分情况表

一级指标	二级指标	权重（%）	满意课程平均分	满意课程满意度（%）	须改进课程平均分	需改进课程满意度（%）
课堂要素（30）	课堂环节	5	4.89	97.8	4.33	86.6
	课堂管理	5	4.81	96.2	4.15	83
	教学目标	5	4.88	97.6	4.23	84.6
	教学资源	5	4.8	96	4.18	83.6
	教学内容	10	9.58	95.8	7.54	75.4
课堂结构（教学组织）（40）	教学时间	5	4.82	96.4	4.10	82
	教学空间	5	4.78	95.6	4.14	82.8
	师生关系	5	4.85	97	4.22	84.4
	教学互动	10	9.57	95.7	7.57	75.5
	教学设计	15	14.43	96.2	12.22	81.47
课堂效果（30）	学习兴趣	5	4.74	94.8	3.66	73.2
	学习氛围	5	4.76	95.2	3.61	72.2
	学习效果	20	19.07	95.35	16.11	80.55

以"学"为中心的高校课堂评价体系的构建与运用，能有效地为教师提供提高课堂教学质量的意见与措施，但以"学"为中心的高职课堂教学评价指标将随着教育教学的不断发展而进一步完善，实证研究的结果根据调查对象与调查范围的不同而存在差异。

五、以学论教的高校课堂教学评价指标体系优化与实践

1. 以学论教的高校课堂教学评价指标体系设计原则

• 科学性。这是以学论教的高等院校课堂教学评价指标体系设计工作顺利进行的前提。因此，在以学论教的高等院校课堂教学评价指标体系设计阶段，设计人员首先应依据科学性原则，预先分析课堂教学目标实质结构，寻找影响指标体系运行效果的要素；并以同一体系内各指标相容性为入手点，从侧面出发，进行协调处理，保证各评价指标间相对独立性及总评价指标的协调同步性。

• 可测性。为保证课堂教学评价指标有效应用，高等教育院校评价指标体

系设置人员可依据可测性原则。合理选取学生课堂教学评价观测点，优先采用问卷式或行为化语言，将评价指标分解为多个可直接判定的问题。保证课程教学评价指标体系与实际课堂教学情况相一致。

• 众议性。基于高职课堂教学评价量表制定的科学性，高职相关人员应依据众议性原则，广泛收集校内师生的意见。鼓励校内学生参与评价指标制定，以加深校内学生对评价结果的理解，为整体教学评价活动顺利进行提供依据。

2. 以学论教的高校课堂教学评价指标体系框架设置

为充分体现高校课堂教学评价指标体系以学论教特征，高等教育院校可选择调查式量表作为学生课堂教学评价指标体系的主要表现形式。即依据高等教育教学评价理论，结合高等课堂教育规律，将课堂教学评价指标细化为若干个可直观判断的观测点；并利用简单句式，陈述各专业学生期望的课堂教师教学形式及内容。以李克特等级评价量表为例，依据李克特等级评价量表在形成性目的评价及总结性目的评价中表现情况，高等教育院校课堂教学评价指标体系设置人员可利用统计分析的方式，确定课堂教学评价范围。随后综合考虑课堂教学评价理论、课堂教育理念及教学规律，借鉴国内高职学生课堂教学评价量表设置思路，设置与本校实际相符的学生课堂教学评价量表。如根据学生课堂教学评价目标、功能、原则，高等教育院校课堂教学评价指标，设置人员可从以学论教实质出发，确定学生课堂教学评价维度。如教学内容、教学素养、教学态度、教学效果、教学方式等。其中教学内容、教学素养、教学态度为输入模块，教学方法、教学效果分别为过程实施、结果输出部分。通过各环节共同作用，可形成一个闭环的课堂教学质量保障体系，为高校课堂教学内容及方法改进提供依据。在学生课堂教学评价维度设置完毕之后，依据可测性、科学性及全面性指标，高等教育院校学生课堂教学评价指标设置人员可以对每一维度进行细化设置，并广泛征集内部参与主体意见，与专业研究者、教学管理者及教务处进行信息交互，完成学生课堂教学评价二级指标设计工作。具体学生课堂教学评价指标体系结构如表3-4所示。

表 3-4 课堂教学评价指标体系结构

教学维度	二级指标	指标要素
教学内容	教学目标明确，教学要求合理	教学目标
	教材及参考资料选择适宜	教材选择
	强化练习，巩固教学成果	效果巩固
	授课概念明确，重难点突出，理论与实际结合	授课内容
教学态度	备课充分，答疑及时，辅导仔细	备课辅导
	责任心强，一视同仁，要求严格	教学责任
	按时上下课，不擅自调课或停课	教学纪律
	尊重学生意见，积极改进教学方式	学生交流
教学素养	言传身教，严谨治学	基本素养
	表达清晰，言语规范、形象	语言表达
	精神饱满，可吸引学生注意力	精神状态
	板书规范，课件精练	工作责任
教学方法	利用启发式、项目探究式教学方法	探究教学手段
	利用现代案例教学分析手段	案例教学形式
	组织课堂讨论，调动学生创新思维	合作教学手段
	注重基本技能训练，巩固教学内容	效果巩固
教学效果	到课率高，课堂秩序良好	课堂氛围
	理论、实践能力同步增强	全面发展
	学习积极性提升	学习态度
	通过专业资格测试	资格测试

3. 以学论教的高校课堂教学评价指标体系权重设置

在上述学生评价课堂教学评价指标体系设置完毕之后，高等教育院校学生评价课堂教学评价指标体系设置人员可对二级指标设置不同的指标权重，即非常赞同、比较赞同、基本赞同、不赞同、很不赞同五个等级。指标偏好比例设计则采用李克特五级量表表示。据此，在学生课堂教学效果评价阶段，则可采用不同的等级进行划分。其中非常赞同为 4，比较赞同为 3，基本赞同为 2，不赞同为 1，很不赞同为 0。在各指标偏好比确定以后，高等教育院校可利用 Matlab 软件进行各元素占比的统计分析，以保证整体统计数据的科学合理性。

4. 以学论教的高校课堂教学评价指标体系应用

（1）完善高校课堂评价指标体系

在以学论教的高校课堂评价指标体系应用前期，高等教育院校可在学生对教师课堂教学不同评价指标要素设置的基础上，增设学生的基本情况，如学科、性别、年级等。同时为保证该学生课堂教学评价指标体系的有效利用，高等教育院校可利用 Cronbach's Alpha 系数，对量表进行信度分析，并对学生课堂教学评价指标质量进行检验，以修正不合理选项，保证整体学生课堂教学评价量表信度。有条件的情况下，高等教育院校也可以在小范围内展开预调查，了解校内师生对教学评价指标体系的意见，以便为学生课堂教学评价指标体系进一步修正完善提供依据。

（2）高校课堂评价实施

一般高等教育院校学生课堂评价工作需由系上统一安排时间，由学生对本学期任课教师进行评价。据此，在课堂教学评价阶段，首先，高等教育院校可将设计完毕的学生课堂教学评价指标量表发放给各专业各年级学生，以学生为中心，进行课堂教学的系统化、科学性评价。同时为提高学生课堂教学评价反馈的实效性，高等教育院校可借助校内现有超星泛雅网络课程资源平台，以现有课程为核心，以校内教师为主要引导者，以学生为评价主体，沿课程教学主线，将师生交流互动、答疑、管理、课堂教学等模块进行高度整合。同步进行作业、答疑、评价、讨论等活动。此时，高等教育院校内部学生可以通过微信、QQ 等网络平台，多形式参与课堂教学评价。课堂教学人员也可以随堂在智能移动设备端发布课堂教学质量调查量表。根据班级学生评价反馈内容，第一时间调整课堂教学方法及内容。需要注意的是，在学生课堂教学评价指标体系应用过程中，高等教育院校应注重教学人员教学水平发展的阶段性，逐步淡化教学评价结果、奖惩、考核三者之间联系，以提出课堂教学改进建议为核心，帮助高等教育院校内部各学科教师提升自身教学水平。随后在不同阶段，高等教育院校可调整对课程教学质量评价标准，综合利用应届毕业生调查、期末评价、过程评价等方式，全面、客观评测教师教学情况。同时选择恰当的时机，进行及时反馈。

其次，在开展某阶段知识点教学评价时，考虑到单一课堂教学评价对专业课程教学质量提升的限制，高等教育院校可以学生课堂教学评价参与主体为核心，强化课堂教学评价重要性及评价结果应用宣传。在明确的课堂教学评价内容选择及评价指标体系设置原则的指导下，对每一个二级评价指标具体内涵进行详细解读；并着重指导低年级学生客观评价方式，逐步加强校内师生对课程教学评价的认识，为学生课堂评价指标体系的有效利用提供依据。在此基础上，高等教育院校可联系专业学科教师、教学管理部门及各专业学生，在三者之间搭建高效流畅的信息交互平台，为"过程改进提升"逐步代替"结果总结评价"提供充足驱动力。

最后，在高等教育院校学生课堂教学评价结果获取之后，高等教育院校应以校内各专业学科教师发展为导向，从学生课堂教学评价结果展示、公布、运用等方面入手。在保证学生课堂教学评价材料私密性的同时，将学生课堂教学评价结果进行分级公布、展示。即采取正向与负向相结合的方式，逐步扩大正向激励作用。需要注意的是，在学生课堂教学评价阶段，高等教育院校应避免将最终学生课堂教学评价结果与专业课程教师奖励挂钩，弱化教学评价最终结果与教师薪资的联系。特别是对于专业教学经验较丰富的教师，在学生课堂教学评价时，应注重外部评价与自身评价的有机结合；而在青年教师课堂教学质量评价时，高等教育院校可以定性评价为主体，充分尊重青年教师个体评价。即在评价阶段，与青年教师进行充分的信息交互，允许青年教师对学生课堂教学评价结果进行辩护。

（3）评价结果分析

将设计完毕的学生课堂评价指标量表应用到某高等院校后，得出该高校学生课堂教学评价结果平均值如表3-5所示：

表3-5 某校学生课堂教学评价结果表

教学维度	二级指标	评价结果
教学内容	教学目标明确，教学要求合理	3.59
	教材及参考资料选择适宜	3.62
	强化练习，巩固教学成果	3.51
	授课概念明确，重难点突出，理论与实际结合	2.56

续表

教学维度	二级指标	评价结果
教学态度	备课充分，答疑及时，辅导仔细	2.66
	责任心强，一视同仁，要求严格	3.11
	按时上下课，不擅自调课或停课	3.28
	尊重学生意见，积极改进教学方式	3.27
教学素养	言传身教，严谨治学	3.11
	表达清晰，言语规范、形象	3.21
	精神饱满，可吸引学生注意力	2.95
	板书规范，课件精练	3.13
教学方法	利用启发式、项目探究式教学方法	3.45
	利用现代案例教学分析手段	3.16
	组织课堂讨论，调动学生创新思维	3.20
	注重基本技能训练，巩固教学内容	3.25
教学效果	到课率高，课堂秩序良好	2.00
	理论、实践能力同步增强	3.00
	学习积极性提升	3.25
	通过专业资格测试	3.11

由上表学生课堂教学评价各分项指标得分可知该院校某专业课程教师在资料选择（教材及参考资料选择适宜）、教学目标（教学目标明确、教学要求合理）、效果巩固（强化练习，巩固教学成果）等方面表现较突出，且该院校内学生较为重视的五项指标大多集中于专业教师教学内容、教学效果两个维度。而在教学纪律、教学态度等方面评价指标较低，表明该院校专业课堂教学中教学纪律较差，板书规范程度不足。据此，高等教育院校可为部分教师提供教学培训、技术支持，并邀请教育领域专家进校为青年教师提供专业指导，以逐步解决该高等教育院校在教学纪律、教师板书规范方面存在的问题，保证课堂教学质量有效提升。

依据上述教学结果，高等教育院校可要求校内教师在进行相关专业课堂教学设计时，以专业学生为主体，综合分析专业学生已掌握知识、疑惑点及出现频率较高的错误点，以原有知识经验作为新的知识增长点。通过新、旧知识点及经验间的反复、双向作用，帮助学生形成新的知识经验，为课堂教学效果的切实提升提供依据。

以学生为主体的高校课堂教学评价是高校质量保障体系建设的重要组成模块，与高校人才培养质量直接相关。因此，在我国现代高等教育全面转型的背景下，高校应注重教学评价艺术，以现代高等课堂教学评价理论为指导，面对当前高校学生课堂教学评价不足展开调查；并设置对应的课堂教学评价指标体系，保证以学论教的高校课堂教学评价指标体系的有效应用，为高校课堂教学质量提升提供依据。

第二节　基于 SOLO 分类理论的高校混合式教学评价研究

SOLO 分类理论（Structure of the Observed Learning Outcome）是由香港大学教育心理学教授比格斯（J. B. Biggs）首创的一种学生学业评价方法，是一种以等级描述为特征的质性评价方法。该理论的基本理念主要来源于皮亚杰的认知发展阶段论。

SOLO 分类理论的基本理念是：任何学习结果的数量和质量都是由学习过程中的教学程序和学生的特点决定的。它根据学生的已有知识结构、学习的投入及学习策略等多方面的特征，从具体到抽象，从单维到多维，从组织的无序到有序。SOLO 分类评价理论的思想源头可以追溯到皮亚杰的发展阶段学说。皮亚杰的认知发展阶段论指出，儿童在成长的过程中认知的发展是有阶段性的，不同的阶段之间的认知水平有质的区别。比格斯和他的同事通过研究发现，人的认知不仅在总体上具有阶段性的特点，在对具体知识的认知过程中，也具有阶段性的特征。

SOLO 分类理论针对学生回答某一问题展现出来的不同思维层级，将其思维能力水平按从低到高、从简单到复杂的原则划分为前结构水平（P）、单一结构水平（U）、多元结构水平（M）、关联结构水平（R）、拓展抽象结构水平（Ea），这五个层次可以用一个图形来直观地表示，如图 3-2 所示。

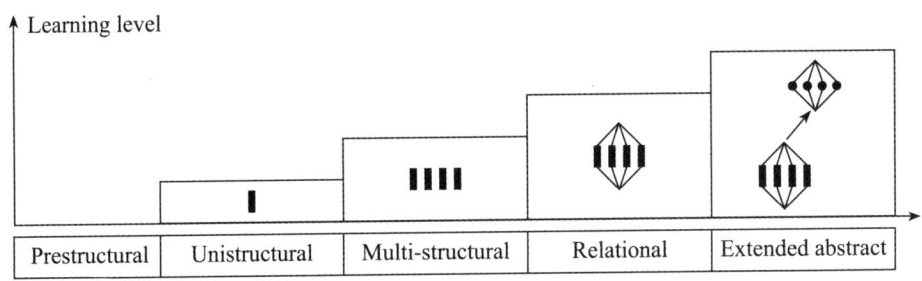

图 3-2　SOLO 分类理论思维层次示意图

SOLO 分类理论的基本原理是基于学生的认知发展阶段和学习过程的特点，通过观察和分析学生在回答问题时的思维表现，将其划分为不同的思维层级，从而评价学生的学习成果和能力水平。这种评价方法不仅具有完整的体系，而且有坚实的实践基础，已经被广泛应用于教育评估和教学改革中。

一、SOLO 分类理论的基本理念

SOLO 分类理论的基本理念主要源于皮亚杰的认知发展阶段论，并经过比格斯（J. B. Biggs）等人的进一步发展和完善。其特点如下：

• 学习结果的多维性：SOLO 分类理论强调学习结果并非单一维度的，而是涵盖了知识、技能、态度、情感等多个方面。这些不同的维度相互交织，共同构成了学生的学习成果。因此，在评价学生的学习时，需要综合考虑这些不同的维度，而不仅仅是关注知识掌握的程度。

• 学习过程的动态性：SOLO 分类理论认为，学习过程是一个动态的、不断发展的过程。学生在学习过程中会经历不同的阶段，每个阶段都有其独特的认知特点和能力。这种动态性意味着学生的学习成果不仅受到当前学习阶段的影响，还受到之前学习阶段的影响。因此，在评价学生的学习时，需要关注他们在学习过程中的变化和发展。

• 教学程序和学生特点的相互作用：SOLO 分类理论强调教学程序和学生特点之间的相互作用。教学程序包括教学内容、方法、组织形式等，而学生特点包括学习态度、学习策略、已有知识结构等。这两者的相互作用决定了学生的学习成果。因此，在评价学生的学习时，需要综合考虑教学程序和学生特点的影响。

• 重视高阶思维能力：SOLO 分类理论强调高阶思维能力的重要性。高阶思维能力包括分析、综合、评价、创造等，这些能力对于学生的学习和发展至关重要。因此，在评价学生的学习时，需要关注他们的高阶思维能力表现，鼓励他们在学习过程中不断提升这些能力。

SOLO 分类理论的基本理念强调了学习结果的多维性、学习过程的动态性、教学程序和学生特点的相互作用、思维层级的划分以及高阶思维能力的重要性。这些理念为教育评估和教学改革提供了有力的支持，有助于促进学生的全面发展和提高教育质量。

二、SOLO 分类理论的应用价值

SOLO 分类理论，自其提出以来，就在教育评估与教学改革中展现出了巨大的应用价值。这一理论不仅为教师提供了一种全新的学生学业评价方法，还为他们提供了一个深入了解学生认知发展特点的工具。以下是 SOLO 分类理论应用价值：

1. 有助于科学评价学生的思维水平

SOLO 分类理论的核心在于其对学生思维水平的细致划分和评估。通过对学生在回答问题时展现出的思维结构进行分析，教师可以准确地了解他们的思维水平和认知特点。这种评价方法不仅关注学生的答案是否正确，更关注他们在回答问题时的思维过程和策略。因此，SOLO 分类理论有助于教师更全面地了解学生的学习情况，为后续的教学调整提供有力依据。

2. 为教学设计提供理论依据

SOLO 分类理论的应用还为教学设计提供了理论依据。通过对学生的思维水平进行评估，教师可以更加准确地把握学生的学习需求和认知特点，从而制定出更加符合学生实际的教学计划和策略。这种以学生为中心的教学设计方式有助于提高学生的学习兴趣和积极性，促进他们的全面发展。

3. 促进教学目标的实现

SOLO 分类理论的应用还有助于教师更好地实现教学目标。通过对学生的思维水平进行评估，教师可以更加清晰地了解教学目标与学生实际掌握知识之间的差距，从而有针对性地调整教学策略和方法，以更好地实现教学目标。这种目标导向的教学方式有助于提高教学的针对性和有效性。

4. 推动教育改革的深入发展

SOLO 分类理论的应用还推动了教育改革的深入发展。它促使教育者关注学生的个体差异和认知发展，注重培养学生的高阶思维能力和综合素质。这种以学生为中心的教育理念有助于提高学生的学习积极性和参与度，提升教育质量。同时，SOLO 分类理论的应用也推动了教育评估体系的改革和完善，使得教育评估更加科学、全面和客观。

5. 有助于培养学生的自主学习能力

SOLO 分类理论的应用还有助于培养学生的自主学习能力。通过对学生的思维水平进行评估和指导，教师可以帮助学生更好地认识自己的学习特点和需求，从而更加主动地参与到学习过程中来。这种自主学习能力的培养不仅有助于提高学生的学习效率和质量，还有助于培养他们的终身学习能力。

SOLO 分类理论在教育评估与教学改革中展现出了巨大的应用价值。它不仅为教师提供了一种全新的学生学业评价方法，还为他们提供了一个深入了解学生认知发展特点的工具。通过应用 SOLO 分类理论，教师可以更加全面地了解学生的学习情况、更加准确地制定教学计划、更加有效地实现教学目标、更加深入地推动教育改革，以及更加有效地培养学生的自主学习能力。这些都将为学生的全面发展和教育质量的提升提供有力支持。

三、SOLO 分类理论在高校混合式教学评价中的优势

随着信息技术的飞速发展，高校教育也迎来了教学模式的革新。混合式教学，作为一种将传统课堂教学与在线学习相结合的教学模式，正逐渐成为高校教育的主流。在这一背景下，如何科学、有效地评价混合式教学的效果，成为了教育者关注的焦点。SOLO 分类理论，作为一种先进的学生学业评价方法，其在高职混合式教学评价中展现出了独特的优势。

1. 适应高校教育的特点

高校教育的目标是培养具备专业技能和职业素养的高素质人才。因此，高校教学评价需要更加关注学生的实际能力和职业素养的培养。SOLO 分类理论以学生的思维能力为核心，注重评估学生在学习过程中的认知发展和能力提升，这与高校教育的目标高度契合。通过将 SOLO 分类理论应用于高校混合式教学评价中，可以更加准确地了解学生在专业技能和职业素养方面的表现和发展，从而为后续的教学调整提供有力依据。

2. 全面评价学生的学习成果

混合式教学模式将课堂教学与在线学习相结合，使得学生的学习成果呈现

出多元化的特点。除了传统的知识掌握程度外，还包括学生的自主学习能力、团队协作能力、创新思维能力等多方面的能力。SOLO分类理论强调学习结果的多维性，注重评估学生在不同维度上的表现和发展。因此，在高校混合式教学评价中，应用SOLO分类理论可以更加全面地评价学生的学习成果，包括他们的知识掌握、技能提升以及情感态度等方面的表现。这种全面的评价方式有助于教师更加准确地了解学生的学习情况和需求，为后续的教学调整提供有力支持。

3. 提供针对性的教学指导

SOLO分类理论将学生的思维水平划分为不同的层级，并为每个层级提供了相应的评价标准。这一特点使得教师在评价学生的学习成果时，可以更加清晰地了解学生的思维水平和认知特点。在高校混合式教学评价中，教师可以根据学生的思维层级和表现情况，提供针对性的教学指导。对于思维层级较低的学生，教师可以加强基础知识的讲解和训练；对于思维层级较高的学生，教师可以引导他们进行较高层次的思考和探索。这种针对性的教学指导有助于提高学生的学习效果和学习积极性，促进他们的全面发展。

4. 促进教学目标的实现

高校教育的目标是培养具备专业技能和职业素养的高素质人才。因此，教学评价需要紧密围绕教学目标进行。SOLO分类理论的应用可以帮助教师更加清晰地了解教学目标与学生实际掌握知识之间的差距，从而有针对性地调整教学策略和方法，以更好地实现教学目标。在高校混合式教学评价中，通过应用SOLO分类理论，教师可以更加准确地评估学生在专业技能和职业素养方面的表现和发展情况，为后续的教学调整提供有力依据。这种目标导向的教学方式有助于提高教学的针对性和有效性，促进教学目标的实现。

5. 有利于形成性评价与终结性评价相结合

在高校混合式教学评价中，应用SOLO分类理论可以实现形成性评价与终结性评价的有机结合。形成性评价关注学生在学习过程中的表现和发展情况，而终结性评价则关注学生的学习成果和最终表现。通过应用SOLO分类理论，教师可以更加全面地了解学生在不同阶段的表现和发展情况，从而实现对学生的学习过程和学习成果进行综合评价。这种评价方式既关注了学生的学习过程也关注了学习成果，有助于教师更加全面地了解学生的学习情况和需求，为后续的教学调整提供有力支持。

6. 培养学生的自主学习能力

在高校混合式教学评价中，应用SOLO分类理论还有助于培养学生的自主学习能力。通过对学生的思维水平进行评估和指导，教师可以帮助学生更好地认识自己的学习特点和需求，从而更加主动地参与到学习过程中来。这种自主学习能力的培养不仅有助于提高学生的学习效率和质量，还有助于培养他们的终身学习能力。

SOLO分类理论在高校混合式教学评价中展现出了巨大的优势。通过应用SOLO分类理论，教师可以更加全面地评价学生的学习成果、提供针对性的教学指导、促进教学目标的实现、实现形成性评价与终结性评价的有机结合以及培养学生的自主学习能力。这些优势将有助于提升高职混合式教学的教学质量和学习效果，为学生的全面发展和未来的职业生涯奠定坚实基础。

四、基于SOLO分类理论的大学英语教学评价维度

1. SOLO分类理论的思维层次及评价要点

SOLO意为"可观察的学习结果的结构"，旨在通过可见的学习结果判断知识理解水平。运用SOLO分类理论，可以判断学生在回答某一具体问题时的思维处于哪一层级，具体可分为前结构、单点结构、多点结构、关联结构和抽象扩展结构五个层级，详见表3-6。

表3-6 SOLO分类理论的结构划分与内涵描述

思维层次	内涵描述
前结构（P）	学生对所学知识几乎一无所知，几乎不能找到解决问题的思路
单点结构（U）	学生能找到一个解决问题的思路，但就此止步，单凭一点论据就跳到答案上去
多点结构（M）	学生找到了多个解决问题的思路，但未能把这些思路有机地整合起来
关联结构（R）	学生找到了多个解决问题的思路，并且能够把这些思路结合起来思考
抽象扩展结构（Ea）	学生能够对问题进行抽象的概括，从理论的高度来分析问题；而且能够深化问题，使问题本身的意义得到拓展

SOLO 分类理论将学生在完成任务过程中呈现的学习水平分成了由简单到复杂的结构，使其具有可观察、有层级的特点，这与评价量表的要求较为吻合。通过与前文所述指向学科核心素养四个方面的重点元素对接，可以设计出基于 SOLO 分类理论的学科核心素养评价量表，使得对学科核心素养的考查呈现出具体、有层级和可观察的特征。

基于 SOLO 分类理论，大学英语教学的具体评价维度可以进一步细化为以下几个层次，每个层次都对应着不同的认知能力和学习表现，如表 3-7。

表 3-7　SOLO 分类理论的思维层次及评价要点

思维水平	学习表现	评价要点
前结构（P）	学生对英语学习缺乏兴趣，无法理解和应用所学知识，甚至可能对英语学习产生抵触情绪	关注学生的学习兴趣和学习动力，鼓励他们积极参与课堂活动，提高学习效果。评价时可以观察学生是否愿意参与课堂互动，是否对英语学习有基本的热情和兴趣
单点结构（U）	学生能够理解和应用简单的英语知识，如基本的词汇和语法，但缺乏综合运用能力，难以在实际情境中应用所学知识	关注学生的基础知识掌握情况，注重培养他们的语言技能和学习策略。评价时可以考查学生对基础知识的掌握程度，以及他们是否能够在一定程度上运用所学知识
多点结构（M）	学生能够理解和应用较为复杂的英语知识，如较难的词汇和复杂的语法结构，但缺乏整合和关联的能力，难以将所学知识系统地联系起来	关注学生的思维能力和分析能力，鼓励他们在学习过程中进行归纳和总结，形成自己的知识体系。评价时可以观察学生是否能够对所学知识进行归纳和总结，以及他们是否能够运用所学知识解决较复杂的问题
关联结构（R）	学生能够理解和应用复杂的英语知识，能够将不同知识点进行关联和整合，形成较为完整的知识体系，并能够在实际情境中灵活运用所学知识	关注学生的综合运用能力和创新能力，鼓励他们在真实语境中运用英语进行交流和表达，提高跨文化交际能力。评价时可以考查学生在实际情境中运用英语的能力，以及他们是否能够运用所学知识进行创新性的思考和表达

续表

思维水平	学习表现	评价要点
抽象拓展（Ea）	学生能够在理解和应用英语知识的基础上，进行抽象思考和拓展创新，如提出新的观点、解决复杂问题等	关注学生的批判性思维和创新能力，鼓励他们在学习过程中进行探索和创新，提高解决问题的能力。评价时可以考查学生是否能够对所学知识进行深入的思考和拓展，以及他们是否能够运用所学知识解决复杂的问题或提出新的观点

基于 SOLO 分类理论的大学英语教学评价维度不仅关注学生的知识掌握情况，更注重学生的思维能力、学习策略、跨文化交际能力等多个方面的发展。这种评价方式有助于全面了解学生的学习情况和发展需求，为教学提供有针对性的指导和支持。

2. SOLO 分类理论评价量表

对学科核心素养的评价标准是确定教学是否帮助学生由前一水平达到了后一水平，即是否产生了水平增长。SOLO 分类理论所述五个层级中的前结构状态，学生基本上无法理解问题和解决问题，不应该成为教学的目标和评价的标尺。鉴于此，在学科核心素养评价量表设计过程中，笔者依据 SOLO 分类理论的分类理念，设定了单维度结构层次、多维度结构层次、关联结构层次和拓展结构层次四个层级，并结合上文所述测量维度和内容，架构起基于 SOLO 分类理论的学科核心素养评价量表。量表中四个层级所体现的学科核心素养水平逐级提高，梯度清晰，同时语言能力、文化意识、思维品质和学习能力四个维度的测试指向具体、描述明确，在实践操作中，教师可以结合具体的教学与评价内容进行细化，如表 3-8。

表 3-8　基于 SOLO 分类理论的英语学科核心素养评价量表

层级划分	学科核心素养维度及内涵描述			
	语言能力	文化意识	思维品质	学习能力
层级一——单维度结构层次	考查单维度的语言知识和语言技能	考查单维度的文化知识	考查低层次的思维品质，如定位、识别、查找、简单理解、简单反思等	考查低层次的学习策略，如单一的认知策略或元认知策略等

续表

层级划分	学科核心素养维度及内涵描述			
	语言能力	文化意识	思维品质	学习能力
层级二 多维度 结构层次	考查多维度的语言知识和语言技能，但各维度知识和技能之间没有关联	考查多维度的文化知识，但各维度知识之间没有关联	考查稍高层次的思维品质，如简单比较、简单归纳等	考查较高层次的学习策略，如多种认知策略和元认知策略，但不需要对各策略进行综合使用
层级三 关联结构层次	考查多维度的语言知识和语言技能，各维度知识和技能之间有关联	考查多维度的文化知识，各维度知识之间有关联	考查更高层次的思维品质，如整合、归纳、比较、推断等	考查更高层次的学习策略，需要对多种策略进行综合使用
层级四 拓展结构层次	考查多维度的语言知识和语言技能，各维度知识和技能之间需有关联与整合	考查多维度的文化知识，各维度知识之间有关联且需要整合	考查最高层次的思维品质，如抽象、鉴赏、审美、评判与创造等	考查最高层次的学习策略，需要对各策略进行综合评估，选用最佳方案

五、基于SOLO分类理论的高校混合式教学评价策略

高校混合式教学评价面临着诸多挑战，如如何全面、客观地评价学生的知识掌握程度、技能应用能力、学习态度和学习策略等。同时，随着社会对人才培养需求的变化，评价也需要关注学生的创新能力、团队协作能力和职业素养等方面的发展。因此，高校混合式教学评价需要一种既能够反映学生实际水平又能够促进其全面发展的评价策略。

1. 明确评价目标

明确评价目标是至关重要的。以飞机材料为例，基于SOLO分类理论，我们可以将评价目标细化为以下几个层次：

• 知识掌握：确保学生能够掌握与飞机材料相关的专业英语词汇、术语以及基本概念。

- 阅读理解：培养学生通过阅读飞机材料相关的英文文献或文章，获取关键信息、理解文章主旨和细节的能力。
- 口头表达：要求学生能够就飞机材料的某一主题或特点进行流利的英文口头表达，包括描述、解释和讨论。
- 批判性思维：引导学生对飞机材料的相关信息进行批判性分析，能够识别信息的质量、来源和可信度，并提出自己的见解。
- 跨文化交流：培养学生在跨文化背景下就飞机材料相关话题进行讨论和交流的能力，增强国际视野和跨文化意识。

2. 设计多元化评价任务

为了达到上述评价目标，我们可以设计以下多元化评价任务：

- 词汇测试：设计一份包含飞机材料专业词汇的测试，要求学生在规定时间内完成，以检验他们对专业词汇的掌握情况。
- 阅读理解任务：选取一篇关于飞机材料的英文文章，设计阅读理解题目，要求学生阅读后回答问题，以评估他们的阅读理解能力。
- 口头报告：要求学生选择一个与飞机材料相关的主题，进行口头报告。报告内容应包括主题介绍、特点分析、应用前景等，以评估学生的口头表达能力。
- 批判性分析：提供一份关于飞机材料的英文报告或数据，要求学生进行批判性分析，指出其中的优点、不足或潜在问题，并提出改进建议，以检验他们的批判性思维能力。
- 跨文化讨论：组织一次关于飞机材料的跨文化讨论活动，邀请来自不同国家的学生参与。要求学生就飞机材料的某一话题展开讨论，以评估他们的跨文化交流能力。

3. 运用 SOLO 分类理论进行层次划分

以飞机材料为例，运用 SOLO 分类理论进行层次划分，可以帮助我们更清晰地理解学生在学习飞机材料相关知识时的思维层次和认知发展。

- 前结构层次（Pre-structuring）

学生对于飞机材料的基本概念、特性及其应用领域缺乏基本的理解。他们可能无法识别飞机材料的关键术语和特性，对于相关的专业知识和信息也没有形成初步的认识。在讨论或写作中，他们可能无法清晰地表达自己对飞机材料的认知。

- 单点结构层次（Uni-structuring）

学生对飞机材料的某一特定方面或特性有了一定的了解。他们可能能够识别并解释飞机材料的某一关键特性，如强度、耐腐蚀性或轻质性等。然而，他们的理解仍然局限于这一特性，未能将其与飞机材料的整体性能和应用联系起来。

- 多点结构层次（Multi-structuring）

学生对飞机材料的多个特性和性能有了较为全面的了解。他们可能能够同时考虑多种特性，如强度、耐腐蚀性、成本等，并对它们进行综合分析和比较。然而，他们可能仍然缺乏将这些特性整合在一起，形成对飞机材料整体性能和应用的深入理解。

- 关联结构层次（Relating Structure）

学生能够将飞机材料的各个特性和性能相互关联，形成一个整体的理解。他们能够理解不同特性之间的相互作用和影响，以及它们如何共同决定飞机材料的整体性能和应用。他们可能能够分析飞机材料在不同飞行条件下的性能表现，并提出优化建议。

- 抽象扩展层次（Extended Abstract level）

学生能够超越具体的飞机材料和其性能表现，形成对飞机材料设计和应用的一般性原理和方法的理解。他们可能能够概括出飞机材料设计和选择的通用原则，以及如何将这些原则应用于不同的飞行条件和任务需求。他们可能能够从更广泛的角度，如环境可持续性、成本效益等，来评估飞机材料的性能和应用前景。

通过运用 SOLO 分类理论进行层次划分，我们可以更清晰地了解学生在学习飞机材料相关知识时的思维层次和认知发展。这有助于教师制定更加科学和有效的教学策略，促进学生的认知发展和知识构建。同时，这种层次划分方法也有助于学生自我评估和改进学习方法，提高学习效率。通过以上多元化评价任务的设计和实施，我们可以全面、客观地评价学生在高校英语课程中关于飞机材料这一主题的学习效果和发展潜力。同时，这样的评价方式也有助于激发学生的学习兴趣和积极性，促进他们的全面发展。

4. 注重过程性评价与结果性评价相结合

评价学生的学习效果时，不仅要关注最终的学习成果，还要重视学生在学习过程中所展现的思维层次、技能应用、学习态度、学习策略等方面的发展。

(1) 过程性评价

过程性评价关注学生的学习过程，旨在了解学生在学习过程中遇到的困难、采用的策略以及所取得的进步。通过过程性评价，教师可以及时发现学生的学习问题，并提供针对性的指导和支持。这有助于学生在学习过程中及时调整学习策略，改进学习方法，从而提高学习效果。在高职混合式教学中，过程性评价可以通过以下方式进行：

• 在线学习平台的数据分析：通过分析学生在在线学习平台上的学习数据，如学习时长、学习进度、互动次数等，了解学生的学习习惯和学习效果。这些数据可以为教师提供宝贵的反馈，帮助他们更好地调整教学策略。

• 课堂观察与记录：在课堂教学中，教师可以通过观察学生的表现、记录学生的发言和讨论情况等方式，了解学生的思维层次和学习状态。这有助于教师及时发现学生的学习困难，并提供及时的帮助。

• 学生自评与互评：鼓励学生进行自评和互评，让他们反思自己的学习过程和成果，发现自己的优点和不足。同时，互评也可以促进学生之间的交流与合作，提升他们的团队协作能力。

(2) 结果性评价

结果性评价则主要关注学生的学习成果，如作业完成情况、考试成绩等。通过结果性评价，教师可以了解学生对知识的掌握程度和技能应用水平，从而评价学生的学习效果。在高职混合式教学中，结果性评价可以通过以下方式进行：

• 作业与测验：布置与课程目标紧密相关的作业和测验，要求学生按时完成并提交。通过对作业和测验的批改和分析，教师可以了解学生对知识的掌握情况和学习效果。

• 项目与实践：设计与实践相关的项目或任务，要求学生团队合作完成。通过对项目或任务的完成情况和质量进行评价，教师可以了解学生在实践中的应用能力和团队协作能力。

(3) 过程性评价与结果性评价的结合

将过程性评价与结果性评价相结合，可以更全面地评价学生的学习效果和发展潜力。过程性评价可以为结果性评价提供有力的支撑和补充，帮助教师更准确地了解学生的学习情况和进步。同时，结果性评价也可以为过程性评价提供反馈和验证，确保评价的科学性和客观性。

为实现两者的有效结合，教师可以采取以下措施：

• 设定明确的评价标准：在制定评价标准时，既要考虑学生的学习成果，也要关注学生在学习过程中所展现的思维层次、技能应用、学习态度等方面的发展。确保评价标准既全面又具体，能够真实反映学生的学习情况。

• 及时调整教学策略：根据过程性评价和结果性评价的反馈，及时调整教学策略和方法，以满足学生的学习需求和发展需要。例如，针对学生在某个知识点上的掌握不足，教师可以设计专项练习或提供额外的学习资源以帮助其改进。

• 鼓励学生自我监控与反思：引导学生参与评价过程，让他们了解自己的学习情况和进步。通过自我监控和反思，学生可以更好地认识自己的优点和不足，并主动寻求改进和提升的机会。

注重过程性评价与结果性评价相结合是基于 SOLO 分类理论的高校混合式教学评价策略中的重要一环。通过充分发挥两者的优势并相互补充，我们可以更全面地评价学生的学习效果和发展潜力，为他们的全面发展提供有力支持。

六、基于 SOLO 分类理论的高校混合式教学评价实施建议

1. 加强教师培训

教师是实施混合式教学评价策略的关键角色。他们对 SOLO 分类理论的理解和应用能力，直接关系到评价策略的实施效果。因此，加强教师培训是确保评价策略有效实施的首要任务。

培训内容应包括 SOLO 分类理论的基本概念、特点、应用方法等。可以通过专题讲座、案例分析、实践操作等形式进行培训，使教师能够深入理解并熟练掌握该理论。为确保培训效果，可以通过问卷调查、教学观摩、教师自我评价等方式，对教师的掌握情况进行评估，并根据评估结果进行有针对性的指导。

2. 完善评价体系

不同课程和学生群体具有不同的特点和需求，因此在构建 SOLO 混合式教学评价体系时，应充分考虑这些因素。例如，对于实践性强的课程，可以增加对实践能力的评价；对于不同专业的学生，可以根据专业特点设置相应的评价指标。

评价体系应涵盖学生的知识掌握、技能运用、思维能力、情感态度等多个方面，以全面反映学生的学习水平。同时，评价过程应遵循客观、公正的原则，

避免主观臆断和偏见。

评价体系不是一成不变的，而应随着教学实践的深入和学生学习需求的变化而确保评价的全面性和客观性不断改进和优化。可以通过定期的教学反思、学生反馈、同行评议等方式，对评价体系进行修订和完善。

3. 强化技术支持

信息技术手段在混合式教学评价中发挥着重要作用。可以利用在线学习平台、数据分析工具等技术手段，收集学生的学习数据，分析学生的学习行为和学习效果，为评价提供有力支持。

技术只是手段，真正的目的是促进教学。因此，在强化技术支持的同时，应注重技术与教学的深度融合，使技术真正服务于教学，提高教学评价的效果和效率。

教师是技术应用的主体，他们的信息技术应用能力直接影响到技术的应用效果。因此，应加强对教师的信息技术培训，提升他们在混合式教学评价中应用信息技术的能力。

4. 关注学生的个体差异

每个学生都是独一无二的个体，他们具有不同的学习风格、兴趣爱好和发展潜力。因此，在混合式教学评价中，应关注学生的个体差异，提供个性化的评价和指导。

可以通过设置不同的评价任务、采用不同的评价方式、提供针对性的反馈和指导等方式，实现个性化评价。同时，还应注重学生的自我评价和同伴评价，激发学生的学习主动性和参与度。

个性化评价的目的不仅是为了了解学生的学习水平，更重要的是促进学生的全面发展。因此，在评价过程中，应注重培养学生的自主学习能力、合作学习能力、创新思维能力等综合能力，为学生的未来发展奠定坚实基础。

基于 SOLO 分类理论的高校混合式教学评价策略的实施，需要多方面的支持和保障。确保评价策略的有效实施，提高高校混合式教学的教学质量和学习效果。同时，也需要不断反思和优化评价策略，以适应不断变化的教学环境和学生需求。同时，随着教育理念和技术手段的不断更新，我们也需要不断探索和完善这一评价策略，以适应新时代高等职业教育的发展需求。

基于 SOLO 分类理论的高校混合式教学评价策略为我们提供了一个科学、有效的评价框架。通过明确评价目标、设计多元化评价任务、运用 SOLO 分类理论进行层次划分、注重过程性评价与结果性评价相结合以及鼓励学生自评与互评等方式，我们可以更全面地评价学生的学习效果和发展潜力。同时，我们也应关注实施过程中可能遇到的问题和挑战，如教师培训、评价体系完善以及技术支持等。通过不断努力和实践，我们相信基于 SOLO 分类理论的高职混合式教学评价将为高等职业教育的发展注入新的活力。

第三节　高职混合式教学评价问题及策略研究

高职混合式教学作为一种新型的教学模式，结合了传统课堂教学与在线教学的优势，为学生提供了更为灵活和多样化的学习方式。然而，在实施混合式教学的过程中，教学评价也面临着一系列问题和挑战。本文旨在探讨高职混合式教学评价的问题，并提出相应的策略，以期为提高教学评价的有效性和促进学生的学习进步提供参考。

1. 高职混合式教学评价存在的主要问题

2003 年，何克抗教授指出混合式教学（Blended Teaching）是把传统的课堂教学与网络化线上教学的优点结合起来的"线下"＋"线上"的教学模式。该模式要求根据学生的个性特征设计线上、线下教学内容及教学组织形式，充分发挥线上教学 4A（Anyone，Anywhere，Anytime，Anyhow）的泛在学习以及线下面对面交流的优势，这种将线上线下教学内容无缝对接，融合各类教学手段的教学模式经过多年的研究与实践已经成为后疫情时代高职教育教学改革发展的新常态。该模式不仅是争创"双一流"的有效抓手，也是着力打造"金课"的必然选择。混合式教学模式"混"的是手段，"合"的是目标，强调了学生的主体性和教师的主导性的"双主"特性。

教学评价是对教学工作质量所作的测量、分析和评定，也是有效教学的"指挥棒"。本文主要从混合式教学评价的参与主体——学生视角以及混合式教学评价的主导者——教师视角两个方面设计调查问卷，对国内高职院校混合式教学评价展开调查，根据调查的结果分析了高职混合式教学评价的现状，并以第四代多元性教育评价理论为导向，凸显教学评价的激励与改进功能，提出了混合式教学评价的策略，为国内高职院校混合式教学评价的研究者与实践者提供参考。

（1）问卷设计

为了更好地了解目前混合式教学评价的现状，笔者从学生的视角设计了涵盖学生对混合式教学过程中线上线下各项活动评价的高职院校混合式教学评价调查问卷（学生卷），该问卷涵盖了学生线上线下教学活动参与度，教学设计的满意度以及教学目标的达成度，问卷内容充分体现了混合式教学评价中学生的主体性。同时为体现混合式教学评价中教师的主导性，笔者设计了高职院校混合式教学评价调查问卷（教师卷），主要涵盖了混合式教学评价的"特点""要点"与"重点"等内容。学生卷及教师卷均在问卷星网站上编制，通过QQ群、微信群向高职院校教师和学生发放，本调查持续2周，共收回学生卷787份，涵盖了21个专业，教师问卷64份，访谈20人次。

（2）调查结果统计与现状分析

参与问卷调查的787名学生中男生占比为75.92%，49.66%为大二学生，涉及了导弹维修、空中乘务、数控、材料、民航运输、飞机维修等21个专业。调查的学生表示95.5%的课程采用了混合式教学，这跟对教师的调查结果基本一致。

①高职混合式教学评价的"三度"

混合式教学评价的"三度"是从学生的视角来观测混合式教学评价，即学生线上线下教学活动的"参与度""满意度"以及教学目标的"达成度"。

根据调查结果可知学生线下教学活动的参与度总体高于线上教学活动，线上参与度较高的活动是线上单元测验、微课视频学习以及PPT或者文本学习，参与度较低的活动是同学互评；线下参与度较高的活动是线下考试、课堂听课，参与度较低是独立完成作业，具体如图3-3所示。

尽管线上线下的测验参与度都居于榜首，但是学生最喜欢的线上线下活动调查结果显示：学生最喜欢的线上活动是微课学习，其比例为70.07%，73.2%的学生认为线下教学中教师的讲授与课中的互动交流是他们最喜欢的环节，而线上单元测试与线下课程的作业考试等活动的喜欢程度仅为33.88%，这就说明学生更喜欢自由的学习环境，测验考试这种传统的终结性教学评价形式学生满意度不高。同时调查结果显示超过80%的学生认为自评和互评不仅能促进自己的学习也能增强对课程的理解。

总的来说，调查结果显示学生对混合式教学评价的整体满意度为97.82%，具体如图3-4所示。学生认为线下学习比线上学习更容易获得相关的知识与能力（如图 3-5），达成教学目标。但对于自主学习能力而言，77.41%的学生认为线上学习更有利于自主学习能力的提升，而高职学生的岗位知识与职业技能以及交流协作能力和分析思考能力的提升等教学目标在线下课堂更容易达成。

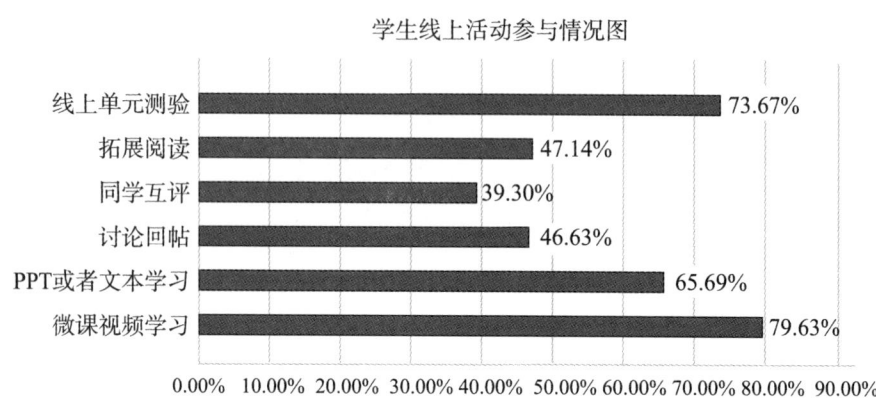

图 3-3　学生对混合式教学的参与度情况分布图

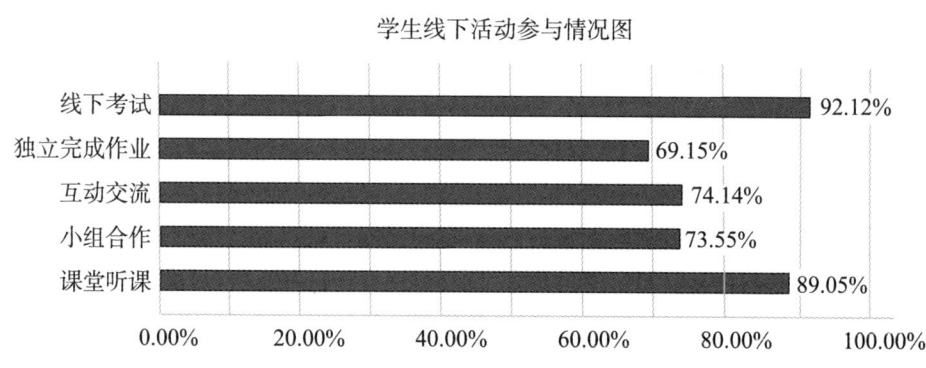

图 3-4　学生对混合式教学评价的满意度情况分布图

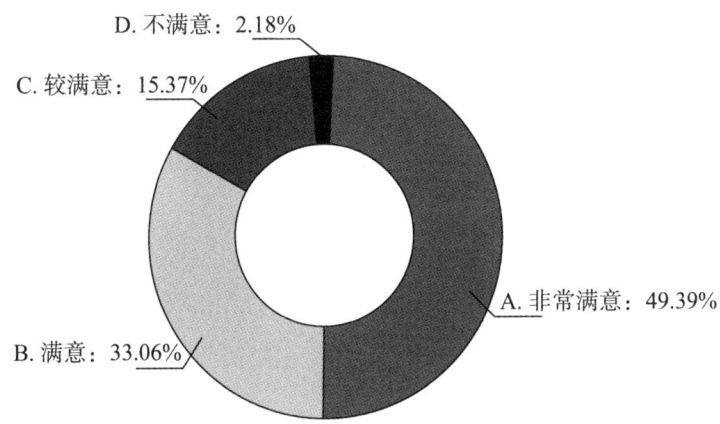

图 3-5　学生线下线上混合式教学目标达成度情况分布图

笔者利用 SPSS 工具对学生在混合式教学评价中的满意度、参与度以及目标达成度进行了皮尔逊（Pearson）相关性检测，分析结果如表 3-9 所示：

表 3-9　混合式教学评价中学生满意度、参与度及目标达成度相关性分析

项目	满意度	参与度	目标达成度
满意度	1	0.734**	0.525**
参与度	0.734**	1	0.623**
目标达成度	0.525**	0.623**	1

注：**代表 0.01 水平显著

通过统计分析学生在混合式教学评价中的参与度与其对混合式教学的满意度的相关性为 0.734，在 0.01 水平上显著相关，而课程满意度与课程参与度具有较强的相关性，课程目标的达成度与课程参与度和满意度同样具有较强的相关性。这表明混合教学评价中学生参与度越高，满意度就越高，教学目标的达成度就越高。因此在混合式教学评价中增加学生的自评与互评的频率与权重更有利于学生在学习中获得满足感，能有效提高课程的达成度，进而提高教学质量。

②混合式教学评价的"三点"

参与调查的教师 84.38% 是讲师和副教授，90.62% 的教师教龄大于 5 年，教学精力充沛，教学经验丰富。从调查的结果来看有 95.31% 的教师采用混合式教学，其主要原因是希望利用互联网＋技术改进教学，提升教学质量以及给

学生提供更好的学习体验。混合式教学评价的"三点"是指从教师的视角来观测混合式教学评价，说明了混合式教学评价的"特点""要点"与"重点"。

传统的教学评价通常是以教师为中心，忽略了学习过程中体现出来的学生的个性特点、表达能力、协作能力以及学习能力的习得，其形式主要为常规资料的抽查、随机现场听课以及考试通过率等，这些评价具有随机性、主观片面性及终结性等考核特点。混合式教学评价应通过教师评价以及学生自评与互评的方式对线上线下教学全过程，包括线上学习数据、线下课堂互动以及课程内容的下载、访问及阅读浏览等平台数据对学生的学习过程进行全面评价。其评价内容应包含教学设计（学情分析与目标把握）的合理性、教学内容的适用性、教学活动的组织交互性、教学反馈的及时性以及媒体应用的技术性等方面，该评价应侧重于学生自身发展、体现线上线下全过程特点。

根据高职学生各课程的知识目标、技能目标以及情感态度价值目标的要求以及采访结果，确定高职混合式教学评价的要点为：学生岗位知识、岗位技能的掌握情况、学生自主学习能力、协作能力以及学习兴趣等情感价值的提升情况。

信度分析用于测量样本回答数据结果是否可靠，根据调查结果对混合式教学评价在促进学生掌握岗位知识、技能以及提高学生自主学习能力和学习兴趣及学生间的协作等方面进行信度分析，其克隆巴赫信度系数（Cronbach α 系数）值为 0.957，说明该量表的信度非常好，也就是说合理正确的混合式教学评价在促进学生掌握岗位知识与技能，提高自主学习能力与生生间协作能力和激发学生兴趣等方面都有着积极的作用。笔者用 SPSS 工具对高职学生在混合式教学评价中需考虑的岗位知识、岗位技能、自主学习能力、学习兴趣以及协作能力等评价要点进行了皮尔逊（Pearson）相关性检测，分析结果如表 3-10 所示：

表 3-10　高职混合式教学评价要点相关性分析

项目	岗位知识	岗位技能	自主学习能力	协作能力	学习兴趣
岗位知识	1	0.85**	0.81**	0.68**	0.76**
岗位技能	0.85**	1	0.81**	0.73**	0.76**
自主学习能力	0.81**	0.81**	1	0.64**	0.89**
协作能力	0.68**	0.73**	0.64**	1	0.69**
学习兴趣	0.76**	0.76**	0.89**	0.69**	1

注：**代表 0.01 水平显著

分析结果表明高职混合式教学评价中岗位知识、岗位技能以及学习能力、协作能力及学生的兴趣等要点的值都在0.01之上，相关程度高。其中学生的学习兴趣与自主学习能力的相关值最大为0.89**，因此在混合式教学中提高学生的学习兴趣，有利于提高学生的岗位知识、岗位技能的掌握情况，也能有效提升学生的自主学习能力，在岗位知识能力的提升方面，在评价时以教师评价为主。协作能力与其他评价要点之间的相关性相对较小，这类主要表现在情感目标提升方面的能力，在进行过程性评价时以学生自评、互评为主，更能体现混合式教学评价的科学性与客观性。

形成性评价的目的是了解动态过程的效果，及时反馈信息，及时调节，使计划、方案不断完善，以便顺利达到预期目标。在对学生进行过程性评价时，被调查的教师认为首先应该考虑的因素是激励学生学习（90.63%）和为教学提供反馈（79.69%），这说明在混合式教学评价中要以学生为中心突出评价的激励和反馈功能。

根据调查结果，教师认为线上线下教学评价的重点有：学生知识技能的掌握程度及学生自主学习能力的提升等过程性评价，尽管终结性考试成绩也是评价的重点，但重要程度明显低于知识技能的掌握程度及自主学习能力的提升，具体如图3-6所示。这说明在混合式教学评价中教师不仅要重视学生与学生之间横向的评价，更应该重视学生自身知识、技能及能力的提升等纵向的比较，重视学生自身的发展。

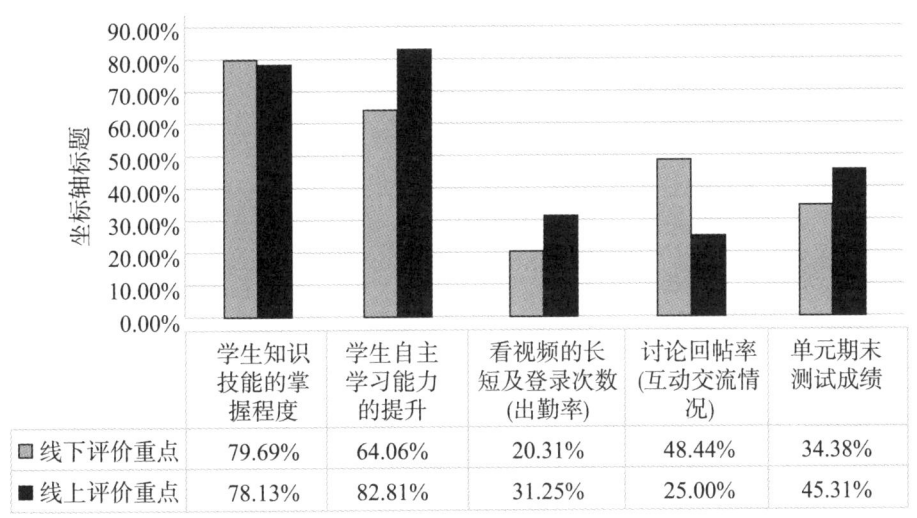

图3-6 线上线下混合式教学评价的重点

2. 高职混合式教学评价对策

在高职混合式"教"与"学"评价中，无论是线上还是线下都需要给予学生及时的学习反馈，并以第四代多元性教育评价为导向，强调过程性评价，突出评价的反馈与激励功能，笔者从充实多维评价内容、落实多元评价主体，实践多元评价方式，试点多层次差异性评价标准等方面探讨高职混合式教学评价。

（1）充实多维评价内容

2022年《新职教法》第四十三条指出职业教育质量评价应当突出就业导向，把受教育者的职业道德、技术技能水平、就业质量作为重要指标。混合式教学评价的评价内容应根据高职各专业标准与课程标准的要求，以学生为中心，不仅体现岗位知识及技能评价，而且注重学生学习能力与职业道德素养的评价，具体说来：除了岗位知识与技能评价外，高职混合式教学评价应注重爱国、诚信、遵纪守法等个人基本品格评价，学生学习能力、协作能力以及交流沟通能力以及实践创新能力的评价，还应包含敬业精神、责任意识等职业道德素养的评价。

（2）落实多元评价主体

学习不仅是循序渐进的经验积累过程，也是学习者主动参与的过程。在混合式教学评价过程中学生不仅仅是被评价的对象，他们也是评价的主体。因此，在教师评价的同时增加学生的自评、互评环节的频次以及形式的设计，不仅有利于激发学生学习兴趣以及提高学生参与课堂的积极性，也能提高学生对混合式教学的满意度和教学目标的达成度。2022年颁布的《新职教法》指出建立符合职业教育特点的质量评价体系，组织或者委托行业组织、企业和第三方专业机构，对职业学校的办学质量进行评估，并将评估结果及时公开。因此社会、企业以及第三方机构也将作为高职混合式教学评价主体，推动职业教育高质量发展。

（3）实践多元评价方式

中共中央、国务院印发的《深化新时代教育评价改革总体方案》（2020）指出，在评价方式上，完善过程性考核与结果性考核的有机结合的学业考评制度，创新德智体美劳过程性评价办法。高职混合式教学评价要将终结性评价与过程性评价结合起来，以教师评价为主，采用生生互评、小组互评及学生自评等评价方式，不仅关注岗位知识、技能及情感目标达成度，更要关注目标达成过程中学生努力的程度及进步的幅度，重点评价学生的学习投入、学习态度以及能力提升的幅度，实现学生在知识、技能、情感态度价值观方面的全面发展。

（4）试点多层次评价标准

混合式教学强调个性化、尊重学生主体性的特征，学生所具备的知识基础和学习能力等存在差异，统一的评价标准难以客观反映学生的进步，甚至打击个别学生的学习积极性。高职混合式教学评价要求过程性评价针对学生的实际情况进行多层次的差异化评价标准，满足不同学生的需要，既要实现学生之间横向比较也要注重学生自身纵向发展，发现并放大学生闪光点，增强学生的学习信心，指出不足，鼓励学生不断改进，促进学生个性化发展。

有效地评价高职混合式教学的教学效果，尽管具有极强的复杂性、模糊性和不确定性，但只要我们牢牢把握高职教育的教学目标，在高职混合式教学评价中重视线上线下过程性评价，充分发挥评价的激励与反馈功能，以多元教育评价理论为导向，着眼于学生的学习进步和自身的发展，着眼于教师的教学方法改进和教学能力提高，就能提高高职德智体美劳全面发展的高素质技能型人才的培养水平。

3. 优化高职混合式教学评价的建议

高职混合式教学评价作为教学过程中的重要环节，对于提高教学质量、促进学生全面发展具有重要意义。然而，在实际操作中，我们发现高职混合式教学评价仍存在一些问题和不足，需要进一步优化和完善。本文将从多个方面提出优化高职混合式教学评价的建议，以期为提高教学评价效果、促进学生学习进步提供参考。

（1）明确评价目标，强化评价导向

高职混合式教学评价应明确评价目标，强化评价导向。评价目标应与课程目标、学生发展需求紧密相连，既要关注学生的知识掌握情况，也要注重学生的能力发展、情感态度等方面的评价。通过明确评价目标，可以引导教师和学生更加关注学习的过程和效果，推动混合式教学向更高质量的方向发展。

（2）制定科学、合理的评价标准

制定科学、合理的评价标准是优化高职混合式教学评价的关键。评价标准应基于课程目标、学科特点和学生能力发展的要求来设定，具有可衡量性、可操作性和可达成性。同时，评价标准应体现多元化的特点，包括学生知识掌握、技能运用、思维能力、情感态度等多个方面。通过制定科学、合理的评价标准，可以确保评价结果的客观性和公正性，提高评价的针对性和有效性。

（3）采用多样化的评价方式

高职混合式教学评价应采用多样化的评价方式，以全面、客观地评估学生的学习成果。除了传统的笔试、作业评价方式外，还可以引入在线测试、课堂表现观察、实践操作等多种评价方式。同时，可以利用信息技术手段，如在线学习平台、数据分析工具等，收集学生的学习数据，分析学生的学习行为和学习效果。通过多样化的评价方式，可以更加全面地了解学生的学习情况，为教学提供有力的反馈和指导。

（4）加强教师的培训和发展

教师在高职混合式教学评价中扮演着重要角色，他们的评价能力和水平直接影响到评价的效果。因此，应加强对教师的培训和发展，提高他们的混合式教学评价能力。培训内容包括但不限于评价标准的理解、评价方法的运用、避免主观偏见等。同时，可以为教师提供实践机会和反思空间，促进他们在混合式教学评价中的专业成长。

（5）注重学生的参与和反馈

高职混合式教学评价应注重学生的参与和反馈。学生是评价的主体，他们的参与和反馈对于优化评价至关重要。可以通过设置自我评价、同伴评价等方式，鼓励学生积极参与评价过程，提高他们的自我认知和学习动力。同时，应重视学生的反馈意见，及时调整和完善评价体系，确保评价与学生的实际需求和发展紧密相连。

（6）强化评价结果的应用

优化高职混合式教学评价还应强化评价结果的应用。评价结果不仅是对学生学习成果的反馈，也是改进教学和促进学生发展的重要依据。因此，应充分利用评价结果，为教师提供有针对性的教学指导和为学生提供个性化的学习建议。同时，可以将评价结果与学生的学业成绩、奖学金评定等方面挂钩，激励学生积极参与混合式教学评价，提高他们的学习效果和质量。

优化高职混合式教学评价需要从明确评价目标、制定科学合理的评价标准、采用多样化的评价方式、加强教师培训和发展、注重学生参与和反馈以及强化评价结果的应用等多个方面入手。通过综合施策、多管齐下，可以有效提高高职混合式教学评价的效果和质量，促进学生的学习进步和全面发展。

第四节 以"学"为中心的高职课堂教学诊断研究

以"学"为中心的高职课堂教学诊断研究，主要关注的是学生的学习过程和成果，以及教师的教学方式和方法是否有助于学生达到预定的学习目标。这种诊断研究强调学生的主动性、参与性和实践性，旨在优化教学品质、提升教学质量、促进人才发展。课堂教学诊断是优化教学品质、提升教学质量、促进人才发展的重要保障。以"学"为中心的高职课堂教学诊断，重视和体现学生的主体作用，同时，又不忽视教师的主导作用。通过学生、教师以及第三方诊断者对课堂教学的要素、结构及效果等方面进行诊视，判断学生对教学内容的掌握情况，发现学生在学习过程中可能出现的问题，并对所产生的问题进行分析与改进，从而充分挖掘学生潜能，促进学生发展，最终达到教育的目的。

1. 课堂教学诊断的意义和作用

随着科技的进步和教育理念的创新，混合式英语教学逐渐成为教育领域的一种新趋势。在这种教学模式下，传统的课堂教学与在线教学相结合，旨在为学生提供更加灵活、多样化的学习体验。然而，为了确保混合式英语教学的质量和效果，课堂教学诊断显得尤为重要。

（1）提升教学质量

混合式英语教学课堂教学诊断的首要意义在于提升教学质量。通过对课堂教学过程进行全面、客观的诊断，教师可以发现教学中存在的问题和不足，进而调整教学策略和方法，使之更加符合学生的学习需求和特点。这种针对性的改进有助于提高学生的学习效果，促进他们的全面发展。

（2）促进教师专业化发展

课堂教学诊断也是促进教师专业化发展的重要途径。在诊断过程中，教师需要对自己的教学行为进行深入反思，分析教学中的成功之处和需要改进的地方。这种自我反思和评价的过程有助于教师积累实践性知识，提升教学素养和反省能力。同时，通过与其他教师的交流和分享，教师还可以相互学习、共同进步，实现专业化发展。

（3）优化教学设计和实施

混合式英语教学课堂教学诊断有助于教师优化教学设计和实施过程。通过对课堂教学的各个环节进行细致的分析和诊断，教师可以更加清晰地了解学生的学习状况和需求，进而调整教学内容、方法和手段。这种针对性的优化有助于使教学更加贴近学生的实际，提高教学效果。

（4）推动教育教学改革

课堂教学诊断是推动教育教学改革的重要手段。通过对混合式英语教学的诊断和分析，可以发现传统教学模式中存在的问题和不足，进而推动教育理念和教学方法的创新。这种改革有助于适应时代发展的需要，培养更具创新精神和实践能力的人才。

混合式英语教学课堂教学诊断具有提升教学质量、促进教师专业化发展、优化教学设计和实施以及推动教育教学改革等多重意义。因此，在混合式英语教学过程中，应重视课堂教学诊断的作用，充分发挥其在教学改进和人才培养中的积极作用。

2. 以"学"为中心的高职课堂教学存在的问题

以"学"为中心的高职课堂教学在追求学生主体性和学习效果的过程中，也面临着一些问题和挑战。

（1）学生参与度差异大：在实际教学中，学生的参与度往往存在较大的差异。一部分学生可能非常积极，愿意主动参与课堂讨论和实践活动，而另一部分学生则可能相对消极，缺乏参与意愿。这种差异可能导致教学效果的不均衡。

（2）学生自主学习能力不足：在以"学"为中心的教学模式中，学生的自主学习能力尤为重要。然而，一些学生可能缺乏自主学习的习惯和能力，无法有效地进行课前预习和课后复习，这会影响他们的学习效果。

（3）教师教学理念和方法需要更新：一些高职教师可能仍然沿用传统的"教师讲、学生听"的教学模式，缺乏对以"学"为中心的教学理念的深入理解和实践。这可能导致课堂教学无法真正体现学生的主体性，也无法有效激发学生的学习兴趣和动力。

（4）教学资源和技术支持不足：实现以"学"为中心的高职课堂教学需要充足的教学资源和技术支持。然而，一些高职院校可能存在教学资源不足、技术支持不够等问题，这会影响教师的教学设计和实施效果。

（5）评价体系需要完善：在以"学"为中心的教学模式中，评价体系应该更加注重学生的学习过程和成果。然而，一些高职院校的评价体系可能仍然过于注重终结性评价，忽视了对学生学习过程的评价，这可能导致评价结果无法真实反映学生的学习情况。

针对这些问题，高职院校和教师应该积极采取措施加以改进。例如，教师可以通过设计更具吸引力的教学活动、提供个性化的学习支持等方式来提高学生的参与度和自主学习能力；同时，高职院校也应该加强对教师的培训和支持，提升他们的教学理念和方法；此外，还应该加强教学资源和技术支持的建设，完善评价体系，以更好地实现以"学"为中心的高职课堂教学目标。

3. 以"学"为中心的高职课堂教学诊断原则

以"学"为中心的高职课堂教学诊断，倡导学生主动参与、乐于操控、勤于动手，培养学生搜集和处理信息的能力、获取新知识的能力、分析解决问题的能力以及与人交流、合作的能力。课堂教学的诊断，不仅需要体现课堂教学要素的"职业化"，而且需要注重课堂教学结构的"均衡化"，此外，还应该突出教学效果的"多元化"等要求。

（1）彰显"职业化"

以"学"为中心的课堂教学诊断标准，要充分体现课堂教学要素的"职业化"。高职教育是培养实用型人才的就业教育，因此，高职课堂教学在教学目标、内容、方法、过程等方面，要充分体现职业岗位要求，为学生将来的职业发展打好"无缝对接"的基础，从所学"有用"的角度来激发学生课堂学习的积极性和主动性。

（2）突出"均衡化"

以"学"为中心的课堂教学诊断，要突出课堂教学结构的"均衡化"。课堂教学实践活动的良性发展，必然要求课堂教学结构的均衡，这种均衡不仅体现在"教"与"学"的时间、空间结构上，而且也体现在教学过程中教师与学生、学生与学生之间的人际关系上。只有构建均衡的课堂结构，才会有和谐、活跃的课堂气氛，并产生良好的教学效果。

（3）强调"多元化"

高职学生的培养不是平面的，而是多维度的。以"学"为中心的高职教育教学效果诊断，决不能把分数作为唯一的考核因素，而应该从学生的职业道德、职业素养、学习能力和发展能力等多方面进行衡量。所以，高职课堂教学的教学效果诊断应强调"多元化"的指标要求。

4. 以"学"为中心的高职课堂教学诊断方式

课堂教学诊断是"基于事实、关注细节"的还原课堂教学本质的一种课堂教学分析方法。众所周知，教学相长是指"教"与"学"作为教学的两个方面相辅相成，教学的目的是教会学生爱上学习和学会学习。以"学"为中心的高职课堂教学诊断，是一个持续的、不断递进的螺旋式过程，其起点是课堂教学中学生的"学习"情况；内容是课堂教学要素的基础诊断、课堂结构的关键诊断以及课堂效果的核心诊断；终点是课堂学习方案的改进，但同时，这也是下一次课堂教学诊断的出发点。如图 3-7 所示，这样一种持续的、螺旋式的课堂教学诊断方式，旨在通过对教学过程的把脉诊查，发现教学中存在的问题并制定解决方案，进而提升教学质量并促进高职院校师生共同成长和发展。

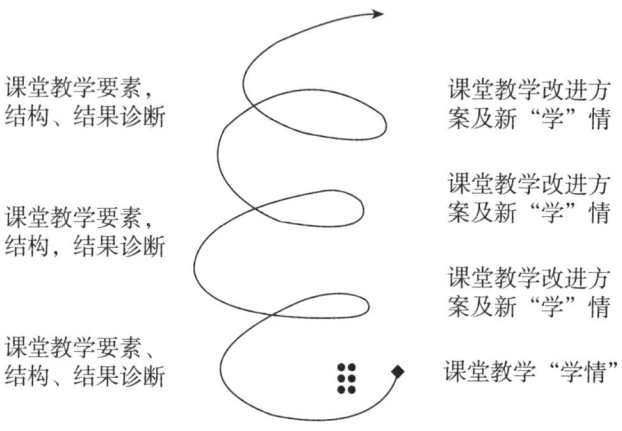

图 3-7 以"学"为中心的课堂教学诊断方式

以"学"为中心的高职课堂教学诊断方式，主要是通过对学生的学习过程、学习成果以及教师在教学过程中的表现进行全面、客观地分析和评价，来诊断课堂教学中存在的问题和不足，进而提出改进建议，优化教学设计和实施。这种诊断方式强调以学生为中心，以学习效果为导向，注重对学生学习需求和特点的深入了解。

（1）观察学生的学习过程：通过观察学生在课堂上的表现，了解他们的学习状态、参与程度和学习效果。可以观察学生的课堂互动、小组讨论、实践操作等情况，分析学生在学习中存在的问题和困难，以及教师在教学过程中的引导和支持是否得当。

（2）分析学生的学习成果：通过收集和分析学生的作业、测验、考试等成果数据，了解学生的学习掌握情况和学习成果的质量。可以对比不同学生的学习成果，分析差异产生的原因，进而提出针对性的教学改进建议。

（3）调查学生的反馈意见：通过问卷调查、访谈等方式收集学生对课堂教学的反馈意见，了解他们对教学内容、教学方法、教学组织等方面的看法和建议。这有助于发现教学中存在的问题和不足，为教学改进提供依据。

（4）评估教师的教学表现：通过对教师在课堂上的表现进行评估，了解他们的教学理念、教学方法和教学能力。可以观察教师的教学态度、课堂掌控能力、教学创新等方面的情况，分析教师在教学过程中是否以学生为中心，是否能够有效激发学生的学习兴趣和动力。

5. 以"学"为中心的高职课堂教学诊断内涵

以"学"为中心的高职课堂教学诊断内容，包含了课堂教学要素诊断、结构诊断及效果诊断三个方面，且对应了三种不同的诊断类型及相应的诊断主体和诊断内容，如图3-8所示。

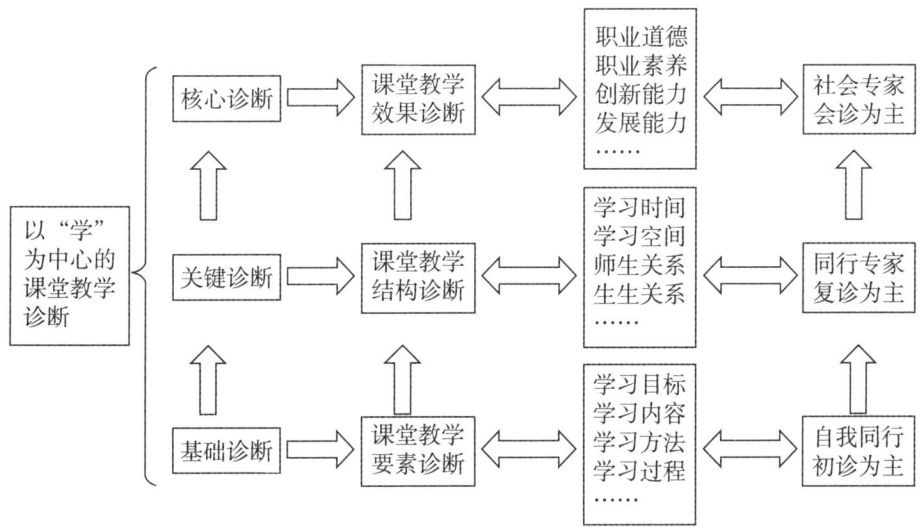

图 3-8　以"学"为中心的课堂教学诊断内涵

（1）以"学"为中心的高职课堂教学要素诊断

课堂教学要素诊断就是依据一定的标准，对构成课堂的重要因素的运行状态给予诊视与判断，总结经验或发现问题的实践活动。高职课堂教学要素包含教学目标、教学内容和教学方法三个方面。以"学"为中心的高职课堂教学要素诊断，要求教师将教学目标、教学内容和教学方法转换成学生的学习目标、学习内容及学习方法，发掘学生的主观能动性，彰显学生的课堂主体性地位。因此，课堂教学要素诊断的主要内容为：学习目标是否符合高职学生职业要求，学习内容是否与职业岗位相吻合，教学方法是否能充分调动学生的课堂积极性，使其最大限度地参与到课堂实践中。

课堂教学要素诊断作为高职课堂教学的基础诊断，以授课教师的自我初诊或同行初诊为主要表现形式，诊断的关键是寻找学生课堂学习实践与诊断标准之间的"差距"。诊断标准则根据社会岗位的不断发展而不断完善。所以，实践与标准间产生"差距"是必然的。但以"学"为中心的高职课堂教学基础诊断，能依据一定的标准，对教学实施过程中的各要素进行诊视与判断，总结经验、发现问题、分析产生问题的原因并提出改进措施，以减少或杜绝与标准产生严重的偏差，从而更好地实现教学目标，促进学生发展。

（2）以"学"为中心的高职课堂教学结构诊断

课堂教学结构不仅体现在传统教学论中的时空结构，即教学时间的分配以及教学过程的规划，而且还包含"教"与"学"的人际关系结构，即师生关系和生生关系。高职课堂教学结构的诊断作为课堂教学的中观诊断，主要表现形式为教师同行及专家复诊，其诊断结果比自我诊断更加客观、全面和有效，比专家会诊适用的范围更广，更具有普适性，是课堂教学诊断的关键所在。

课堂教学中，教师"教"与学生"学"的时间结构，教师与全班学生的空间结构，以及师生关系、生生关系等人际角色关系结构，都属于课堂教学结构诊断的范畴。以"学"为中心的高职课堂教学结构诊断，需注重学生的主体地位，而在课堂教学中学生的主体地位主要是通过其课堂参与度体现出来的，诊断的核心就是学生在课堂教学中的参与人数、参与时间、参与态度及参与效果等。根据学生在课堂上的参与度来进行课堂教学结构诊断，有利于提高教学的适合度，有利于营造民主的教学环境，有利于构建和谐的师生关系、生生关系，也有利于促进师生的共同进步。

（3）以"学"为中心的高职课堂教学效果诊断

课堂教学效果的诊断，是在课堂教学要素诊断与结构诊断的基础上，分析课堂教学目标与学生对知识的掌握程度之间的差距。这是课堂教学的宏观诊断，也是课堂教学诊断的核心，诊断的主要表现形式为专家会诊及社会实践检验。

以"学"为中心的高职课堂教学效果诊断，在充分调动学生的学习积极性、主动性的前提下，以分析教师预定的各项教学目标完成情况、学生对课堂学习内容的理解和掌握程度、学生的学习能力等为主要方面。课堂教学效果的诊断是一个复杂、长期的过程，不仅需要诊断学生的课堂表现情况，如是否勤于思考问题，是否善于发现问题，是否勇于提出问题以及积极解决问题等，而且要诊断学生的职业道德、职业素养、技术技能水平和创新发展能力等状况。然而，这些诊断仅仅依据一堂课是远远不够的，需要在实践工作岗位中加以验证。

鉴于以"学"为中心的高职课堂教学诊断是一个长期的、复杂的过程，因此，要求诊断者以学生发展为中心来思考课堂教学问题。只有经过坚持不懈地诊断与改进，才能提高学校的教育教学水平，从而达到高职教育的目标。

6. 改进和优化高职课堂教学的策略和建议

随着教育改革的深入和高职教育的快速发展，高职课堂教学的质量直接关系到学生的培养质量和未来的职业竞争力。因此，改进和优化高职课堂教学成为教育者和实践者关注的焦点。

（1）明确教学目标，以学生为中心

高职课堂教学应明确教学目标，确保教学内容与学生的职业需求和兴趣点紧密结合。同时，要坚持以学生为中心的教学理念，注重激发学生的学习兴趣和主动性，鼓励学生参与课堂互动和实践活动。

（2）加强实践教学，提升职业能力

高职教育的目标是培养具备实践能力和职业素养的高素质人才。因此，课堂教学应增加实践环节，如案例分析、模拟演练、实地考察等，以提高学生的实践能力和解决问题的能力。同时，要加强与企业的合作，引入企业资源和案例，使课堂教学更加贴近实际工作环境。

（3）采用多种教学方法，提高教学效果

针对高职学生的特点和需求，教师应灵活运用多种教学方法，如项目式教学、情境教学、合作学习等，以提高教学效果。同时，要充分利用信息技术手段，如多媒体教学、网络教学等，丰富教学资源，提高教学效率和学生的参与度。

（4）加强师资队伍建设，提升教学水平

高职课堂教学的质量取决于教师的素质和能力。因此，要加强师资队伍建设，提高教师的教育教学水平。可以通过定期的培训、学术交流、企业实践等方式，提升教师的专业素养和实践能力。同时，要鼓励教师进行教学研究和实践创新，形成具有高职特色的教学风格。

（5）完善评价体系，注重过程评价

高职课堂教学的评价体系应注重学生的学习过程和成果，而不仅仅是终结性评价。可以通过课堂表现、作业完成情况、项目实践等多个方面，全面了解学生的学习情况和进步程度。同时，要注重学生的自我评价和同伴评价，提高学生的自我认知和评价能力。

（6）加强课堂管理，营造良好学习氛围

良好的课堂管理是保障教学质量的前提。教师要加强课堂纪律管理，确保学生在课堂上能够专心听讲、积极参与。同时，要营造积极向上的学习氛围，鼓励学生之间的合作与交流，激发学生的学习兴趣和创造力。

以"学"为中心的高职课堂教学诊断方式是一种全面、客观、以学生为中心的诊断方法。改进和优化高职课堂教学需要明确教学目标、加强实践教学、采用多种教学方法、加强师资队伍建设、完善评价体系和加强课堂管理等多方面的策略和建议。通过观察学生的学习过程、分析学生的学习成果、收集学生的反馈意见以及评估教师的教学表现等方式，可以诊断出课堂教学中存在的问题和不足，为教学改进提供依据和方向。高职院校和教师应该重视这种诊断方式的应用，不断提高教学质量和学生的学习效果，提高高职课堂教学的质量，培养出更多具备实践能力和职业素养的高素质人才。

第五节　课程思政评价研究

课程思政指以构建全员、全程、全课程育人格局的形式将各类课程与思想政治理论课同向同行，形成协同效应，把"立德树人"作为教育的根本任务的一种综合教育理念，其宗旨就是铸魂育人。高职公共英语课程是我校高等职业教育专科英语课程，是各专业学生必修的公共基础课程，具有开课周期长、教学对象广、兼具工具性和人文性相统一的特点，是高职院校实施课程思政的重点课程。那么高职英语课堂教学如何有效地把塑造价值、传授知识和培养能力融为一体，达到育人和育才的真正统一？

1. 课程思政在高职英语教学中的重要性和作用

课程思政在高职英语教学中的重要性和作用不可忽视。结合思政内容，英语教学不仅能够提高学生的语言技能，还能够引导学生形成正确的价值观和良好的品行，培养具有家国情怀的高素质人才。

（1）引导学生树立正确的价值观：在大学英语课程中引入思政内容，能够帮助学生提高是非辨别能力，如通过学习辩证思想，让学生对繁杂的网络信息、各种潮流思想文化等保持理智认识，避免沉迷其中而影响正常的学习和生活。

（2）促进学生全面发展：课程思政理念下的英语教学，不仅能够提高学生的语言学习能力，还能够引导学生形成良好的品行，如通过融入社会主义核心价值观内容，增强学生的规则意识、团结意识等，从而在实际生活中懂得如何与其他同学和谐共处，自觉遵守校规校纪等。

（3）培养具有家国情怀的人才：英语课程作为中西文化思想交流碰撞的前沿阵地，在促进国际文化交流、思想融汇、了解西方文化的同时，也要坚定社会主义理想信念和文化自信。在大学英语教学中融入思政内容，有助于培养学生的民族情怀、家国意识、时代责任和历史使命。

2. 高职公共英语课堂课程思政的现状

（1）高职公共英语课程思政素材职业性不强

目前，高职院校普遍使用的公共英语教材，在题材的选择上偏重于国外风土人情、习俗等英语原文的选用和改编，很少有直接选用中文题材的文章，特别是与职业、岗位相关的文章，在课堂教学中课程思政的素材不能很好地融入中国文化元素，缺乏职业性，不利于创设思政教育职场情景，不利于用英语讲好中国故事，也不利于用英语讲好专业、岗位故事，未能真正体现高职特色。

（2）高职英语教师课程思政的能力较弱

教师的课程思政意识与课程思政方式方法是影响课程思政效果的重要因素。部分高职英语教师由于长期受到西方文化的熏陶，中国文化底蕴不厚，加上课程思政意识薄弱，课堂教学中只强调教材中相关知识的讲解与运用，而对于其中所蕴含的文化底蕴与思想内涵，则很少触及甚至完全忽略。少数教师虽然对课程思政形成了初步的思想认识，但是在具体课堂教学活动的实施过程中，方式方法缺乏一定的创新性和实践性，学生被动进行思政教育，思政教育相关活动参与度不高，无法真正认知与理解教材中隐含的文化内容，课程思政教育大多流于形式，未达到应有的效果。

3. 高职公共英语课堂课程思政的要求

课程思政要求以习近平新时代中国特色社会主义思想为指导，把思想政治教育渗透到学科教学中，实现各门课程协同育人。当代大学生作为社会主义建设者和接班人，是实现中华民族伟大复兴中国梦，实现两个一百年奋斗目标的主力军，对大学生核心价值观的引领及文化自信的培养已成为高职教育的重中之重。

（1）以协同育人为目标

2019年3月，习近平总书记在学校思想政治理论课教师座谈会上强调"挖掘其他课程和教学方式中蕴含的思想政治教育资源，实现全员全程全方位育人，构建全员、全程、全方位的育人格局，让各类课程与思想政治课同向同行、形成协同效应"。因此，要充分发掘高职英语课程思政育人的潜能，把知识传授、能力培养以及价值塑造融为一体，做到育知和育德的有机融合，形成与思政课同向同行的协同育人效应。

（2）以核心价值引领为导向

凝练为24个字的社会主义核心价值观，既根植于传统文化的深厚土壤，彰显民族特色，又立足于当今时代发展特征，体现时代精神。高职英语课程教学内容的设置，将传统文化知识通过图片、故事等形式转化为浅显易懂的教学内容，把核心价值观讲深、讲透、讲活，以润物无声的方式浸润学生心田，从而树立正确的"三观"，厚植爱党、爱国、爱人民、爱社会主义的情感。高职英语课程要保持与思政课程的同向同行，必须坚持以核心价值引领为导向的原则，旗帜鲜明地落实立德树人根本任务。

（3）以文化自信培养为抓手

文化自信是实现中华民族伟大复兴的内驱力。高职英语课堂中教师要注重了解中华传统文化的源远流长，丰富多彩，提升自身中华优秀传统文化修养，引导学生理解中华优秀传统文化蕴含的核心思想理念、中华人文精神和传统美德，表达自己作为中华民族一员的归属感和自豪感。在高职英语教学中引导青年学生以批判的眼光学习西方文化，取其精华，去其糟粕，有助于学生更好地理解中华文明，坚定文化自信，更加有利于中国文化的对外传播，使世界更好地了解中国。

4. 课程思政评价的原则

（1）价值导向性原则：这一原则强调课程思政评价必须明确并坚守社会主义核心价值观，确保教育内容与国家意识形态一致。评价过程中，要着重看学生是否能够将社会主义核心价值观内化于心、外化于行，是否能够在日常生活中践行这些价值观。

全面性原则：课程思政评价要全面考虑学生的知识、能力、素质等多方面因素。评价不仅要关注学生的学业成绩，还要关注他们的思想品质、道德行为、社会实践等，确保评价的全面性和公正性。

（2）主体性原则：这一原则强调学生在评价中的主体地位，尊重学生的个体差异和多样性。评价要充分考虑学生的实际情况和需求，鼓励他们积极参与评价过程，发挥自我评价和同伴评价的作用，提高他们的自我认知和评价能力。

发展性原则：课程思政评价要关注学生的发展潜力，帮助他们认识自己的优势和不足，为他们提供有针对性的指导和支持。评价要注重学生的成长过程，鼓励他们在实践中不断进步，实现全面发展。

（3）可操作性原则：评价方法和标准要具有可操作性，便于教师和学生理解和应用。同时，评价过程要简洁明了，避免过于复杂和烦琐，以确保评价的顺利进行。

这些原则共同构成了课程思政评价的基础，为评价的有效实施提供了有力保障。在实际操作中，需要根据具体情况灵活运用这些原则，确保评价的准确性和公正性。

5. 高职公共英语课堂中的课程思政策略

课程思政，就是要深入挖掘课程中蕴含的思政教育元素，紧贴社会热点寻求思政载体，通过学生易于接受的途径，切实把思想政治教育贯穿于教学实践的全过程，实现与思政课程协同育人效应。

（1）"德技双修"深挖思政元素

课程思政的范围很广，内涵丰富。根据教育部关于印发《高等学校课程思政建设指导纲要》的通知要求，文史哲类专业课程要结合专业知识教育引导学生深刻理解社会主义核心价值观，自觉弘扬中华优秀传统文化、革命文化、社会主义先进文化；经济、管理、法学类专业课程要引导学生深入社会实践、关注现实问题，培育学生诚信服务、德法兼修；教育学类专业课程要培养以德立身、以德立学、以德施教，争做有理想信念、有道德情操、有扎实学识、有仁爱之心的"四有"好老师；理学、工学类专业课程要培养学生追求真理、勇攀科学高峰的责任感和使命感，激发学生科技报国的家国情怀和使命担当等。"四新"学科建设强调专业之间的交叉融合、守正创新，某一课程的课程思政不是孤立的建设和实施，而是要综合参考各学科的课程思政落脚点。因此，高职公共英语的课程思政元素既要体现英语学科要求，也要体现学生专业、岗位需求。

教师及课程团队根据高职学生"德技双修"的培养目标，挖掘英语教学资源中所蕴含的思政元素。"德"彰显优秀的传统文化以及向上的时代精神，即：

"讲仁爱、重民本、守诚信、崇正义、尚和合、求大同"的中华优秀传统文化以及社会主义核心价值观和人类命运共同体思想等时代精神。"技"体现专业岗位素养。在无人机应用专业《公共英语》第二学期的课程教学中，选用了某出版社的《新编实用英语综合教程2》为教材，教学团队根据"研产—销售—服务"重构教学内容，以中华优秀传统文化为引领，立足无人机专业岗位素养，提炼"敢创新、守诚信、尚和合"等思政主线，根据教材主题内容挖掘创新、实干（Career）、工匠精神、安全友好（Accommodation）、诚信、责任（Shopping）、自信、包容（Food & Travel）等思政元素，让学生在沉浸式的教学环境中感知职业精神，讲好无人机故事，弘扬中华优秀传统文化，成为有爱、有德、有情怀之人。

（2）"产教融合"搭建思政资源信息库

高职教育是以就业为导向的教育，培养的是生产、建设、管理和服务第一线需要的高技能人才。这类人才具有鲜明的职业性、技能性、实用性等岗位特征。根据产业、行业、职业岗位素养要求，以学生为主体，按照个人素养提升、文化自信培养、核心价值引领、思辨能力训练四大模块，保留有助于传承传统中华文化精神及培养社会主义核心价值观的国内外语言输入材料，并根据单元主题和项目任务对材料进行分类，开发思政素材、制作思政视频、筛选阅读文献，建设"产教融合"英语课程思政资源信息库。

在以"Career"为主题的单元教学中，为了激发无人机专业学生的创新创业兴趣，选用了大疆无人机创始人汪滔的故事，同时为了进一步强化在创业阶段只有创新的想法还远远不够，需要坚持不懈，脚踏实地地努力，就选用了"俞敏洪：反败为胜，需要你坚定不移"的视频材料。通过这些思政载体的学习与讨论，将"创新、实干"等价值观念、理想信念、精神情操之"盐"融化于"知识海洋"之水中，为青年学子们提供充足的"思想养分"，在潜移默化中塑造学生意识形态，坚定学生理想信念，培养奋斗精神，提升学生综合素质。

（3）"SPP"探究思政实施路径

将思政素材通过"SPP"指向"Story—Project—Presentation"，即：故事—项目—展示，即课前线上 story 情感铺垫、课中 project 升华主题、课后 presentation 感化认同三个环节，循序铺垫，把品格、岗位素养教育融入英语知识的分析与讲解中，实现英语课程"知识传授和价值引领相结合"，加深学生的内在认同感。改变以教师为主体的思政育人模式，形成以学生"看懂学会、练习内化、测评输出"为体系的互动式学习方式。

二语习得领域中的文本性假说（textuality hypothesis）、期望假说（expectancy hypothesis）、克拉申输入假说（Krashen's input hypothesis）、片段假说（episode hypothesis）都认为：故事作为一种有意义、可理解、可回忆的学习材料，是一种有效的外语学习的方式，在高职公共英语的混合式教学当中，课前教师挖掘思政元素，选择思政载体，以"story"的形式推送给学生，引起学生兴趣与思考。

"Project"是指体验式项目教学，也就是借助网络、数字媒体以及虚拟仿真、VR等技术设备让学生沉浸式体验与主题相关的不同的情景，助力学生语言知识习得、专业技能培养以及价值观塑造。其特征是以学生为中心，"线上＋线下"和"课内＋课外"的多维度混合式学习模式。该模式以融入了思政元素的文本、视频为思政载体，并依据主题内容确定语言技能训练项目，理论与实践相结合，体现职业教育要求，在项目实施过程中引导学生进行有意义的深度学习。

"Presentation"是指课后学生将单元主题内容的故事、对话或者相关观点通过模拟、模仿的形式，录成视频或者音频上传至学习平台，作为该主题单元的学习成果。

在"Travel"为主题单元的教学中，课前通过MOOC、金课坊的学习平台向学生推送中外有名的旅游景点，并要求学生思考并完成平台讨论题：Would you like to share your travel stories? /Where would you like to travel? 等问题。教师选择学生具有代表性的回答进行点评与引导，然后导入新课"Talk about your travel plan"，为了让学生更好地表达自己的观点，教师用视频、词云图、图片等方式进行词汇、句型等语料输入，经过反复练习，最终输出学生的presentation。在教学过程中，教师通过网络、视频、仿真等技术展示中国的大美河山，引导学生完成相关体验式项目，不仅促进了学生职场涉外沟通、多元文化交流、语言思维提升和自主学习完善等学科核心素养发展，还无形中培养了学生的中国情怀、国际视野，也增强了文化自信。

（4）"成长档案袋"探索育人效果评价

课程思政的目标不仅在于当下的知识学习与能力培养，更在于价值观上的持续改造。注重课程思政教学入脑入心、见行见效的有效性评价，既要关注学生获得感方面的理性维度，也要关注发展持续性方面的实践维度。成长档案袋是基于信息化平台记录学生在日常学习过程中有意识地收集学习活动、学习成果、学习思考以及学习里程碑事件等反映学习历程和学习结果的数字化档案。其特点是通过现代信息技术将学生学习成果可视化，体现学生的本身的差异，以进口定出口，满足学生个性化发展，让学生看到自己的努力与进步，不仅有益于学科核心素养的提升，而且能有效激发学生的学习主动性和自觉性，增强了自信心，促进学生成长和持续性发展。

为了让学生的努力和进步可视化，在高职公共英语教学中，教师首先依据职业教育"岗课赛证"融通的原则，将评价维度设定为岗位活动评价、课堂评价、赛事评价和证书评价。课堂评价分为线上课堂、线下课堂两个模块，分别由线上资源学习、主题讨论、平台自测以及线下课堂教学互动、小组任务表演及主题自测等评价维度构成。鼓励学生报考相关的岗位资格证、参与各类英语口语、写作比赛，参与 CET-4、CET-6 以及英语应用能力 A 级等证书的考试。根据各类活动完成情况获得相应的"赞"数，根据获赞的数量确定期末的平时成绩（如图 3-9 所示）：

	评价维度与指标			评价方式	集"赞"/颗	备注
学生成长档案袋	岗位活动评价	社会活动 岗位学习		职业导师评价 教师评价	10赞/次	可选
	课堂评价	线上课堂	课程资源学习情况 20%	MOOC/ISMART平台评价	≤20赞	必选
			主题讨论 10%	教师评价	≤10赞	必选
			平台单元自测 20%	MOOC/ISMART平台评价	≤20赞	必选
		线下课堂	课堂互动讨论 10%	教师评价 小组互评	≤10赞	必选
			小组任务表演 20%	教师评价、学生自评、小组互评	≤20赞	必选
			主题自测 20%	教师评价 平台评价	≤20赞	必选
	赛事评价	参加院级、省级行业组织的口语、写作比赛		赛委会评价，职业导师、教师评价	院级：一等50 二等30 三等10 省级：一等100 二等80 三等60	可选
	证书评价	CET-4 CET-6 大学英语应用能力A级		高等学校英语应用能力考试委员会	通过 CET-6 100赞 CET-4 60赞 A级 30赞	可选、必选

注：学生每学期根据"岗课赛证"的评价维度，完成必选或者可选内容。平时成绩根据积赞的数量来确定，集赞≥100，课程平时分为满分。

图 3-9 "岗课赛证"学生成长档案袋多元评价体系

"岗课赛证"成长档案袋评价方式体现了过程性评价与终结性评价相结合的评价原则，突出了评价维度和评价方式的多元化，特别强调对学生情感、态度等隐性价值方面的变化，同时也满足学生个体化差异的要求，有益于对学生学习过程进行监测与反馈，能有效引导学生自我管理、主动学习，提高学习效率，促进学生成长与未来持续性发展。

课程承载思政，思政寓于课程。高职公共英语课程以立德树人为宗旨，将知识传授、能力培养与价值塑造三大目标融为一体，并从学生学习的角度挖掘思政元素、选择思政载体、探究思政路径、思索思政评价（如图 3-10 所示）。提出的教学策略，不是孤立的，而是环环相扣，逐步推进，闭环运行，通过各项课内外活动内化思政元素、潜移默化地塑造学生意识形态，在不断改进与优化过程中，与思政课程同向同行，不断增加思政育人的长度、厚度和温度。

图 3-10　高职公共英语课堂中课程思政策略

6. 优化课程思政的策略

（1）注重师生互动交流：教师可以通过多种形式的课堂互动，如提问、讨论、小组活动等，引导学生主动思考和参与，增强学生的学习体验和学习效果。同时，教师还应积极回应学生在课堂和日常生活中提出的思政问题，帮助他们解决困惑，树立正确的价值观。

（2）引入时事热点和社会问题：将最新的时事热点和社会问题引入课堂，让学生分析和讨论，可以帮助他们更好地理解思政理论，并提高其应用能力。这种方法也可以激发学生的学习兴趣和参与度。

（3）建立课程思政元素地图：教师可以基于课程思政元素的挖掘，绘制课程思政元素地图，明确课程中每个思政元素的切入点，理清思政元素与专业内容之间的关系，以便在教学中更好地融入思政内容。

（4）开展课程思政教学研究和改革：鼓励教师进行教学研究和改革，探索更多有效的课程思政教学方法和手段。同时，学校可以设立专门的课程思政研究机构或团队，为教师提供支持和指导。

（5）加强与企业和社会的合作：通过与企业和社会机构的合作，可以为学生提供更多的实践机会和平台，让他们在实践中体验和践行思政教育内容。同时，这种合作也可以帮助教师了解最新的社会动态和企业需求，从而更好地调整教学内容和方法。

综上所述，优化课程思政需要多方面的努力和配合，包括加强师生互动交流、引入时事热点和社会问题、建立课程思政元素地图、开展课程思政教学研究和改革以及加强与企业和社会的合作等。这些策略和方法的实施将有助于提升课程思政的质量和效果，培养具有高尚品德、扎实专业知识和强烈社会责任感的新时代人才。

第六节　高技能人才职业素养评价研究

职业素养是职业人在社会活动中需要遵守的行为规范与内在要求，也是职业人在工作过程中表现出来的素质和能力的总和，属于世界观、人生观、价值观的范畴，它是在学习与实践中不断养成并逐渐完善的。评价是一个杠杆，是人才培养必不可少的环节，起导向作用，评价不是终点，而是新的起点。良好的评价体系的建立是人才培养的关键，高技能人才职业素养的评价不仅有利于高技能人才职业素养培养过程的动态管理，而且能有针对性地调整和完善高技能人才培养方案，从而培养出符合行业和企业需要的人才。

1. 高技能人才职业素养评价的意义

高技能人才是社会发展企业创新的中流砥柱，他们职业素养的高低，不仅影响到个人事业的发展，而且关系到企业在市场中的竞争力，甚至影响到国家经济的发展和社会的稳定。高技能人才职业素养的评价，就是高技能人才职业素养培养的风向标，它不仅反馈了人才培养的水平，更指明人才培养的方向，其意义非凡，具体表现在以下几个方面。

（1）有利于高技能人才良好习惯的养成

高技能人才职业素养的高低，往往取决于日常生活习惯，生活上散漫、不守纪律的人，在工作中很难自觉地严格遵守职业纪律。良好的习惯决定良好的素质，良好的素质决定良好的职业素养。所以说通过职业素养评价，让高技能人才从日常生活开始，从一点一滴开始，养成一个良好的习惯，进而形成良好的职业素养。

(2) 有利于高技能人才职业素养的提高

高技能人才职业基本素养评价是进行动态的、全过程的测评。通过评价体系的建立与测评，能真实有效地反映高技能人才培养的现状以及存在的问题，为培养方案提供有效的证据，提升高技能人才的职业素养，促使高技能人才更快更好地发展，从而真正地实现"以评促改、以评促建"。

2. 高技能人才职业素养评价的原则

(1) 多元化

• 评价指标多元化：高技能人才职业素养不仅包含职业知识与职业技能在内的"硬"素养，而且也包含职业理想、职业道德等"软"素养。因此，在制定评价指标时需要充分考虑高技能人才职业知识与技能"硬"素养的评价，更要考虑到职业理想与道德"软"素养的评价，体现评价指标的多元化。

• 评价主体多元化：高技能人才的培养中参与的主体是多方面、多层次的。在人才的形成期，主要关注人才职业知识与基础技能的学习与培养，评价的主体应为学校或企业，而在人才的成熟期，在具体的实践工作中，评价高技能人才职业素养的主体是社会、企业，所以主体的多元化不仅要反映高技能人才不同时期培养的特点，更要体现参与主体的多样性，使评价更加客观、全面以及科学。

• 评价形式的多元化：对高技能职业素养的评价不只是单纯地采用试卷测试的方法，还包括技能大赛、创新创业大赛、顶岗实习以及职业生涯规划等形式，以不同的方式来测评高技能人才的职业素养。

(2) 职业化

高技能人才职业素养不仅涵盖基础素养，而且应该包含本行业的专业素养，高技能人才必须具备的基础知识是语言文字以及计算机操作，但每个职位都会有自己的专业知识。医生要有医学知识、要具备"救死扶伤"的医德；而工程师要有建筑、力学等基础知识，也要具备"精益求精"的职业道德等。因此，在指标体系中既要体现基础素养，也要体现行业素养。

(3) 可操作性

评价结论发挥反馈导向作用的一个重要前提是评价过程中的操作现实性，

制定的评价标准，通常都是通过指标来体现的，而指标最终又都是通过具体的实践活动体现出来的。评价指标体系应避免抽象化、复杂化，必须坚持定性分析和定量分析相结合。因此，在制定高技能人才职业素养评价标准时，必须要考虑到标准的可操作性，整个评价体系要素、权重分配要科学、合理、准确，指标要建立在真实、合理、可行的基础上。

3. 高技能人才职业素养评价的指标体系

评价指标是评价对象本质属性与特征的具体反映，是对评价的各个维度的界定。评价体系是相关评价指标的系统化，但绝非单纯的量化。为提高高技能人才职业素养，本课题组成员搜集、整理现有与高技能人才评价相关的文献资料，分析并归纳了高技能人才职业素养的评价指标、分值以及权重，具体如表3-11所示。

表3-11　高技能人才职业素养评价指标体系

评价指标 一级指标	评价指标 二级指标	评价分值	指标权重 A（1.0）B（0.8） C（0.6）D（0.4）	评价形式	评价主体
职业知识	语言文字基础	6		职业资格证书考试与考核	高职行业
职业知识	计算机操作基础	6		职业资格证书考试与考核	高职行业
职业知识	行业基础知识	8		职业资格证书考试与考核	高职行业
职业技能	学习能力	10		技能大赛、创新创业大赛、顶岗实习	企业社会
职业技能	社会能力	10		技能大赛、创新创业大赛、顶岗实习	企业社会
职业技能	创新能力	8		技能大赛、创新创业大赛、顶岗实习	企业社会
职业技能	行业技能	12		技能大赛、创新创业大赛、顶岗实习	企业社会
职业道德	爱岗敬业、诚信遵纪等公共职业道德	10		主题文化活动、行业顶岗实习	社会企业
职业道德	行业道德			主题文化活动、行业顶岗实习	社会企业
职业理想	就业、创业理想	10		职业生涯规划课程及实践	个人高职
职业理想	乐业理想	10		职业生涯规划课程及实践	个人高职

（1）根据美国学者 L. M. Spencer（1993）提出的素质冰山理论，职业素养分为表面的显性的素养，即职业知识与技能，以及潜在水下的隐性的素养，职

业道德理想。因此，高技能人才职业素养的指标分为：职业知识、职业技能、职业道德、职业理想四个一级指标。为了使指标更具体，更有操作性，将职业知识、职业技能、职业道德每个一级指标又分为公共基础素养和行业专业素养等多个二级指标，如将职业知识分为语言文字与计算机操作两个公共基础素养指标，以及行业基础知识的专业素养指标；职业技能则分成学习能力、社会能力、创新能力和行业技能四个二级指标；职业道德分为爱岗敬业、诚信遵纪的公共职业道德和行业职业道德；而职业理想则根据黄炎培先生"使无业者有业，使有业者乐业"的高技能人才培养目标论，将就业、创业理想与乐业理想作为高技能人才职业理想的二级指标。

（2）根据现有文献以及本校四届毕业生共 180 份调查问卷的结果分析，得到职业知识技能"硬"性素养评价与职业道德与理想"软"素养的评价分值比例为 6∶4，每个二级指标根据重要性的不同赋予不同的分值，指标权重分为四个等级，分别为 1、0.8、0.6、0.4。按照图 3-11 设计的指标计算出高技能人才的最后评价得分 X，$X = \sum_{i=1}^{N} \omega_i \times M_i$ 式中，M_i 表示第 i 个指标的分值，ω_i 表示第 i 个指标的权重，N 为指标个数。根据评价分数 X，将评价等级分为优、良、中、差四个，高于 85 分为"优"，70－84 分之间为"良"，60－69 分之间为"中"，低于 60 分为"差"。

（3）评价的主体涵盖个人、高职、企业以及社会，但不同的评价客体上有不同的评价形式，其评价主体也不尽相同。高技能人才职业知识的评价主要以职业资格证书考试考核为主，评价的主体是高职以及相关行业；职业技能的评价的形式主要表现在技能大赛、创新创业大赛以及顶岗实习，能为高技能人才提供这些活动的就是企业与社会团体，所以他们才是高技能人才职业技能的评价主体；而职业道德的评价，就是根据各种主题文化活动的组织参与情况，以及行业的顶岗实习日常表现，所以评价的主体应该是社会与企业。

高技能人才职业素养的评价，无疑是一个复杂且系统性的工程。它不仅仅是关于技能水平的简单测定，更涉及个体在职业生涯中所展现出来的道德、态度、沟通、团队合作、创新、解决问题等多方面的能力。这样的评价需要多元的视角和深入的洞察，确保能够全面、真实地反映一个人的职业素养。

社会在这一评价过程中扮演着重要的角色。社会的需求、发展趋势、职业标准等都为评价提供了宏观的背景和依据。社会对于高技能人才的需求，不仅仅局限于他们的技能水平，更在于他们是否能够适应社会的变化，持续学习，不断创新。因此，社会应该为职业素养的评价提供明确的标准和方向，确保评价与社会的需求紧密相连。

企业，作为用人的主体，对于高技能人才职业素养的评价具有直接的影响。企业更关注员工在实际工作中的表现，如工作效率、工作态度、团队合作精神等。企业可以为职业素养的评价提供真实的实践场景和反馈，使得评价更加贴近实际，更加具有指导意义。同时，企业也应该积极参与职业素养的评价标准的制定，确保评价能够真正反映企业的用人需求。

高校，作为人才培养的摇篮，对于职业素养的评价具有不可推卸的责任。高校应该注重培养学生的职业素养，为他们提供系统的课程和实践机会，确保他们在走出校门时，已经具备了基本的职业素养。同时，高校也应该与企业和社会保持紧密的联系，了解他们的需求和期望，及时调整自己的培养策略，确保评价与人才培养的目标相一致。

当然，个人的努力也是不可或缺的。每个人都应该对自己的职业素养有清晰的认识，不断学习和提高，确保自己能够适应社会的变化，满足企业的需求。个人应该积极参与职业素养的评价，接受他人的建议和反馈，不断改进自己，提高自己的职业素养。

综上所述，高技能人才职业素养的评价是一个复杂且系统性的工程，需要社会、企业、高职以及个人的共同努力。只有这样，我们才能有效地实现人才培养过程的动态管理，科学地反映人才培养水平的现状，为今后的培养工作指明方向。

4. 高技能人才职业素养评价建议

（1）制定全面的职业素养评价标准

制定明确的、包含多个维度的评价标准，如专业技能、工作态度、团队合作能力、创新能力、解决问题的能力等。确保这些标准既符合当前职业市场的需求，又能引导个体持续发展。

（2）引入实际工作场景模拟

在评价过程中，引入实际工作场景模拟，让被评价者在模拟的工作环境中完成任务。这样可以更真实地反映被评价者的职业素养，并发现其在实际工作中可能存在的问题。

（3）强调持续学习能力的评估

在评价中，不仅要关注被评价者当前的知识和技能水平，还要关注其持续学习的能力和意愿。可以通过询问其学习计划、参加的培训课程、自我学习的方式等来评估其持续学习能力。

（4）采用多元化的评价方法

结合自我评价、同事评价、上级评价、客户评价等多种评价方法来全面评估被评价者的职业素养。这样可以获得更全面的信息，提高评价的准确性。

（5）建立反馈与改进机制

在评价结束后，及时向被评价者提供详细的反馈，指出其优点和不足，并给出具体的改进建议。同时，鼓励被评价者根据反馈进行自我改进，并为其提供必要的支持和资源。

（6）与职业发展规划相结合

将职业素养评价与个体的职业发展规划相结合，根据评价结果为其制定个性化的职业发展计划。这可以帮助个体明确自己的职业目标和发展方向，提高职业发展的针对性和有效性。

（7）推广职业素养认证制度

通过推广职业素养认证制度，让个体获得专业的职业素养认证，增加其在职业市场上的竞争力。同时，也可以为企业提供一种便捷的、可信赖的人才选拔和评价标准。

通过制定全面的评价标准、引入实际工作场景模拟、强调持续学习能力的评估、采用多元化的评价方法、建立反馈与改进机制、与职业发展规划相结合以及推广职业素养认证制度等具体建议，可以有效地优化高技能人才职业素养评价工作。这将有助于提高评价的质量和效果，为个体的职业发展提供有力支持。

第四章　高校英语教学实施与评价的未来展望

在全球化背景下，英语不仅是一种语言工具，更是连接不同文化、促进国际合作的桥梁。高校英语教学应致力于培养学生的英语综合运用能力，使他们能够在跨文化交流中自信、准确地表达自己的观点，同时理解并尊重多元文化。

同时，科技的进步为高校英语教学带来了革命性的变化。人工智能、大数据、虚拟现实等先进技术的应用，为个性化教学、混合式教学提供了可能。这些技术的应用不仅能够丰富教学内容，提高教学效率，还能够为学生提供更加真实、生动的学习环境，激发他们的学习兴趣和动力。

然而，技术的引入也对高校英语教学的评价方式提出了新的挑战。传统的以考试成绩为主的终结性评价已经无法满足现代教育的需求。未来的英语教学评价需要更加注重过程性评价，关注学生在学习过程中的表现和发展，提供及时的反馈和调整。同时，还需要将形成性评价与终结性评价相结合，全面、客观地评价学生的英语综合运用能力。

因此，高校英语教学实施与评价的未来展望是一个充满挑战与机遇的领域。我们需要不断探索新的教学理念、教学方法和评价方式，以适应全球化、科技化的发展趋势，培养出具有国际视野和跨文化交流能力的高素质人才。

第一节　高校英语教学实施与评价的未来发展趋势

高校英语教学实施与评价的未来发展趋势将受到多种因素的影响，包括技术进步、全球化进程、教育理念更新以及社会对人才培养需求的变化等，具体如下：

1. 教学实施的发展趋势

• 智能化学习平台：高校将广泛采用智能化学习平台，这些平台能够根据学生的学习进度和反馈，动态调整教学内容和难度，实现真正的个性化学习。

• 沉浸式学习体验：借助虚拟现实（VR）和增强现实（AR）技术，学生可以在模拟的真实环境中学习英语，例如参观虚拟的国外大学、与虚拟的外国人对话等，从而提高语言学习的兴趣和效果。

• 跨学科融合教学：英语教学将不再局限于语言本身，而是与其他学科（如文化、历史、商务等）融合，培养学生的综合能力。

• 自主学习能力培养：高校将更加注重培养学生的自主学习能力，通过项目式学习、合作学习等方式，让学生成为学习的主人。

2. 评价的发展趋势

• 持续性评价：评价将不再局限于期末考试，而是贯穿整个学期，甚至整个学习过程，以观察学生的持续进步和变化。

• 多元化评价：除了传统的笔试，还将引入口试、演示、小组项目等多种评价方式，全面评价学生的英语综合运用能力。

• 真实性评价：评价任务将更加贴近真实生活和工作场景，例如模拟商务谈判、撰写英文论文等，以检验学生在真实环境下的语言运用能力。

• 自我评价与同伴评价：学生将更多地参与自我评价和同伴评价，通过反思和合作，提高自我认知和批判性思维能力。

3. 教师专业发展的具体趋势

• 技术培训：高校将加强对教师的技术培训，包括使用智能化学习平台、制作多媒体教学资源等，以适应教学技术变革的需求。

• 跨学科合作：英语教师将与其他学科的教师加强合作，共同开发跨学科的教学项目和课程，提高学生的综合能力。

• 持续学习：教师需要不断更新自己的教学理念和方法，通过参加研讨会、进修课程等方式，保持与时俱进。

综上所述，高校英语教学实施与评价的未来发展趋势将更加注重学生的个性化需求、跨学科融合、真实性评价以及教师的专业发展。这将有助于提高学生的英语综合运用能力和跨文化交流能力，培养出更加符合未来社会需求的高素质人才。

第二节　高校英语教学实施与评价的改进策略

高校英语教学实施与评价的改进策略需要从教学实施、评价和教师专业发展三个方面进行综合考虑。通过加强个性化教学、推广混合式教学、融入跨文化交流、加强实践教学、实施持续性评价、多元化评价、真实性评价以及加强教师培训和技术支持等措施，可以有效提高高校英语教学的质量和效果。

1. 教学实施的改进策略

• 加强个性化教学：采用智能化学习平台，根据学生的学习进度、兴趣和能力，提供定制化的教学内容和路径。同时，教师可以利用大数据分析学生的学习情况，以更好地了解学生的学习需求和问题，从而调整教学策略。

• 推广混合式教学：结合线上和线下教学的优势，提供丰富的教学资源和灵活的学习时间。线上教学可以提供多样化的学习材料和互动机会，而线下教学则可以提供面对面的指导和实践机会。

• 融入跨文化交流：在英语教学中注重培养学生的跨文化交流能力，通过模拟真实场景、引入外国文化元素等方式，让学生更好地理解和适应不同文化背景下的交流方式。

• 加强实践教学：通过项目式学习、合作学习等方式，让学生在实践中学习英语、运用英语，提高英语的综合运用能力。同时，可以与企业、社区等合作，开展实践教学活动，为学生提供更多的实践机会。

2. 评价的改进策略

• 实施持续性评价：将评价贯穿整个学习过程，以观察学生的持续进步和变化。可以采用多种形式的评价方式，如课堂表现、作业、测验、项目等，以全面了解学生的学习情况。

• 多元化评价：除了传统的笔试外，还应引入口试、演示、小组项目等多种评价方式，全面评价学生的英语综合运用能力。同时，可以邀请企业、社区等外部机构参与评价，以提供更真实、客观的评价结果。

• 真实性评价：设计贴近真实生活和工作场景的评价任务，以检验学生在真实环境下的语言运用能力。例如，可以模拟商务谈判、撰写英文论文等实际场景进行评价。

• 强调自我评价和同伴评价：鼓励学生参与自我评价和同伴评价，通过反思和合作，提高自我认知和批判性思维能力。同时，教师可以提供指导和支持，帮助学生更好地进行自我评价和同伴评价。

3. 教师专业发展的改进策略

• 加强技术培训：定期为教师提供技术培训和支持，包括使用智能化学习平台、制作多媒体教学资源等方面的技能提升。这有助于教师更好地适应教学技术变革的需求。

• 促进跨学科合作：鼓励英语教师与其他学科的教师加强合作和交流，共同开发跨学科的教学项目和课程。这有助于提高教师的综合素养和教学能力。

• 建立持续学习机制：为教师提供进修课程、参加研讨会等学习机会，鼓励他们不断更新教学理念和方法。同时，可以建立激励机制，如奖励制度、职业发展规划等，以促进教师的持续学习和发展。

第三节　高校英语教学实施与评价对教育政策与实践的启示

1. 政策建议

• 制定个性化教学政策：政府和教育部门应鼓励高校制定个性化教学政策，支持采用智能化学习平台和大数据分析技术，以满足学生的个性化学习需求。同时，应提供相应的资金和技术支持，推动高校英语教学向个性化方向发展。

• 推广混合式教学模式：教育部门应推广混合式教学模式，鼓励高校结合线上和线下教学的优势，提高教学效果和学习体验。可以制定相应的政策和指导文件，引导高校开展混合式教学实践。

• 加强跨文化交流教育：在全球化的背景下，政府和教育部门应重视跨文化交流教育，鼓励高校在英语教学中融入跨文化交流的内容，培养学生的国际视野和跨文化沟通能力。

• 完善评价体系：教育部门应指导高校完善英语教学评价体系，推动持续性评价、多元化评价和真实性评价的实施。同时，应建立科学的评价标准和机制，确保评价的公正性和有效性。

• 加强教师培训和技术支持：政府和教育部门应加大对高校英语教师的培训和技术支持力度，提高他们的专业素养和教学能力。可以设立专项基金或提供培训资源，促进教师的专业发展。

2. 实践指导

• 实施个性化教学策略：高校应根据学生的需求和特点，制定个性化的教学方案，采用智能化学习平台和数据分析技术，为学生提供定制化的教学内容和路径。

• 开展混合式教学实践：高校应积极探索和实践混合式教学模式，结合线上和线下教学的优势，提高教学效果和学习体验。可以开展教学设计和实施案例分享活动，促进教师之间的交流和学习。

• 注重跨文化交流培养：高校在英语教学中应注重培养学生的跨文化交流能力，通过模拟真实场景、引入外国文化元素等方式，让学生更好地理解和适应不同文化背景下的交流方式。

• 完善评价体系：高校应建立科学的评价体系，实施持续性评价、多元化评价和真实性评价，全面评价学生的英语综合运用能力。同时，应鼓励学生参与自我评价和同伴评价，提高他们的自我认知和批判性思维能力。

• 加强教师专业发展：高校应重视英语教师的专业发展，提供培训和技术支持，帮助他们提高教学水平和能力。可以定期组织研讨会、进修课程等活动，促进教师的持续学习和发展。

高校英语教学实施与评价对教育政策与实践的启示在于制定个性化的教学政策、推广混合式教学模式、加强跨文化交流教育、完善评价体系以及加强教师专业发展等方面的政策建议和实践指导，这将有助于推动高校英语教学质量的提升和学生英语综合运用能力的发展。

结　语

在全球化的浪潮中，英语作为国际交流的通用语言，其重要性不言而喻。特别是在高等教育领域，英语教学更是担负着培养具有国际视野和跨文化交流能力人才的重要使命。经过深入的研究与实践，我们得出了关于高校英语教学实施与评价的一系列结论和启示。

首先，创新与实践是推动高校英语教学质量提升的核心动力。在教学方法上，我们尝试了互动式教学、项目式学习以及混合式教学等多种创新模式，这些方法不仅激发了学生的学习兴趣和主动性，还提高了教学效率和效果。在教学内容上，我们注重培养学生的跨文化交流能力，通过引入跨文化交际、学科英语、专门用途英语等内容，使学生的语言技能与实际需求更加契合。在教学资源与技术方面，我们充分利用在线课程、数字化教材、智能教学平台、虚拟现实技术等创新工具，为英语教学提供了更广阔的空间和可能性。

其次，构建科学、全面的评价体系是保障教学质量的关键。我们提出了以"学"为中心的高职课堂教学评价指标体系，强调评价应关注学生的学习过程、学习成果和综合素质。同时，基于SOLO分类理论的混合式教学评价策略为教学评价提供了新的视角和方法，使评价更加科学、客观。同时提出了高职混合式教学评价策略和建议，关注课程思政评价和高技能人才职业素养评价，以促进学生的全面发展。

然而，我们也必须清醒地认识到，高校英语教学实施与评价仍然面临诸多挑战和问题。如何更好地满足学生的个性化需求、如何进一步提高教学评价的科学性和有效性、如何适应技术变革对教育带来的挑战等，这些问题都需要进行深入研究和探索。

展望未来，高校英语教学将更加注重个性化教学、技术驱动下的教育变革等趋势。为此，我们需要制定持续的教师培训计划，提高教师的专业素养和教学能力；优化教育资源的配置，为学生提供更加优质、丰富的学习资源；加强与政府、企业等外部机构的合作，共同推动英语教学改革和创新。

最后，期望政府和教育部门能够给予高校英语教学更多的关注和支持，制定相关政策以推动教学改革和创新。同时，也呼吁广大英语教师积极参与改革实践，不断探索和创新，为培养具有国际视野和跨文化交流能力的高素质人才贡献力量。

在全球化的时代背景下，高校英语教学实施与评价正迎来新的发展机遇和挑战。我们相信，在创新与实践的引领下，高校英语教学将不断迈上新的台阶，为培养具有国际竞争力的人才作出更大的贡献。

附录一

高校英语互动教学现状调查（学生）

亲爱的同学，你好！

为了深入了解高校英语互动教学现状，促进师生间的交流及互动，请填写下面的问卷。你的回答只反映你对高校英语互动教学的认识，没有好坏对错之分，请根据自己的实际情况和真实感受回答。十分感谢您的支持与配合！

专业：_____　　　年级：_____　　　性别：_____

1. 你的英语老师组织过互动教学活动吗？
   A. 总是　　　B. 经常　　　C. 偶尔　　　D. 从不
2. 你认为互动教学的主体是谁？
   A. 老师　　　B. 学生　　　C. 老师和学生
3. 在英语课堂教学中你的老师最常用的互动形式是什么？
   A. 小组讨论　　B. 师问生答　　C. 生问师答
   D. 师生游戏互动　　　　　　　E. 其他
4. 你愿意参与英语互动教学活动吗？
   A. 非常愿意　　B. 愿意　　　C. 一般　　　D. 不愿意
5. 在英语课堂上你会回答老师的提问吗？
   A. 总是　　　B. 经常　　　C. 偶尔　　　D. 从不
6. 你会参与英语学习合作活动吗？
   A. 总是　　　B. 经常　　　C. 偶尔　　　D. 从不
7. 在英语课堂小组讨论的过程中，你会发表自己的看法吗？
   A. 总是　　　B. 经常　　　C. 偶尔　　　D. 从不
8. 在英语教学互动活动过程中，你会与其他同学进行交流吗？
   A. 总是　　　B. 经常　　　C. 偶尔　　　D. 从不
9. 在互动活动过程中，你会与老师进行沟通交流吗？
   A. 总是　　　B. 经常　　　C. 偶尔　　　D. 从不

10. 如果你不愿意参与互动活动，原因是什么？（可多选）

  A. 活动内容与考试无关   B. 害怕犯错误被嘲笑

  C. 对互动活动不感兴趣   D. 英语水平有限

  E. 互动形式太单调

11. 你所在的英语课堂上，互动状况如何？

  A. 课堂气氛非常积极活跃   B. 课堂气氛积极活跃

  C. 课堂气氛稍微积极活跃   D. 课堂气氛完全不积极活跃

12. 你觉得在英语教学中使用互动教学有趣吗？

  A. 非常有趣   B. 有趣   C. 有点有趣   D. 没有趣味性

13. 互动教学提高了你对英语学习的信心了吗？

  A. 非常明显的提高   B. 有一定提高

  C. 稍微提高   D. 没有提高

14. 互动教学帮助你提高了英语综合运用能力了吗？

  A. 极大地帮助我提高了英语综合运用能力

  B. 帮助我提高了英语综合运用能力

  C. 稍微帮助我提高了英语综合运用能力

  D. 没有帮助我提高了英语综合运用能力

15. 互动教学帮助你发现了英语学习的薄弱点了吗？

  A. 极大地帮助我发现了英语学习的薄弱点

  B. 帮助我发现了英语学习的薄弱点

  C. 稍微帮助我发现了英语学习的薄弱点

  D. 没有帮助我发现英语学习的薄弱点

16. 互动教学能促进你与同学之间的沟通交流吗？

  A. 明显促进了和同学的沟通交流

  B. 促进了和同学的沟通交流

  C. 稍微促进了和同学的沟通交流

  D. 没有促进和同学的沟通交流

17. 互动教学让你在英语考试成绩方面有提高吗？

  A. 有一定提高   B. 不太确定   C. 没有提高   D. 有很大提高

18. 互动教学帮助你在英语学习的哪一方面能力提高最大？

  A. 听说能力   B. 阅读理解能力   C. 写作能力   D. 其他

附录二

高校英语互动教学现状调查（教师）

尊敬的老师：您好！

  为了更好地开展互动英语教学，提高教学质量，增强学习效果，特利用本问卷对互动模式在高校英语教学中的应用现状展开调查。本次问卷内容仅供课题研究使用，不会给各位老师带来任何不良影响，请各位根据实际情况填写。非常感谢您的支持！

  您从事高校英语教学的年限：_____年

  您的职称：

1. 您平时愿意组织英语互动教学吗？

  A. 非常愿意 B. 愿意 C. 一般 D. 不愿意

2. 您认为您在英语课堂中使用互动教学方式的理由是什么？（可多选）

  A. 使课堂更加生动有趣 B. 练习使用英语进行交际

  C. 提高学生英语学习兴趣 D. 新课程改革的需要

3. 您认为互动教学的主体是谁？

  A. 老师 B. 学生 C. 老师和学生

4. 您最常用的互动教学形式是什么？

  A. 小组讨论 B. 师问生答 C. 生问师答

  D. 师生游戏互动 E. 其他

5. 对于您的提问，学生们的反应怎么样？

  A. 所有学生都积极主动思考并发言

  B. 大部分学生都积极主动思考并发言

  C. 总是个别学生积极主动思考并发言

  D. 很少有学生积极主动思考并发言

6. 学生们对于合作活动的参与程度如何？

  A. 所有学生都积极参与 B. 大部分学生都积极参与

  C. 只有几位学生积极参与　　　D. 很少有学生积极参与

7. 互动教学过程中，您主动了解过学生们是否遇到问题吗？

  A. 总是主动去了解　　　　　B. 经常主动了解

  C. 偶尔主动了解　　　　　　D. 从不主动了解

8. 当学生们在互动教学活动中遇到问题时，您会怎么做？

  A. 很耐心指导　　　　　　　B. 适当指导

  C. 引导其他学生帮忙指导　　D. 不指导

9. 互动教学活动之后，您会如何作出反馈？

  A. 表扬加点评纠错　　　　　B. 简单点评和纠错

  C. 引导他人点评和纠错　　　D. 引导学生自我纠错

10. 您认为实施互动教学课堂状况如何？

  A. 课堂气氛非常积极活跃　　B. 课堂气氛积极活跃

  C. 课堂气氛稍微积极活跃　　D. 课堂气氛完全不积极活跃

11. 您觉得在英语教学中使用互动教学能提高学生学习兴趣吗？

  A. 很大程度　　B. 一定程度　　C. 稍微提高　　D. 没有提高

12. 互动教学能提高学生英语学习的信心吗？

  A. 非常明显的提高　　　　　B. 有一定的提高

  C. 稍微提高　　　　　　　　D. 没有提高

13. 互动教学增加了您与学生们的沟通交流了吗？

  A. 明显增加了与学生们的沟通交流

  B. 增加了与学生们的沟通交流

  C. 稍微增加了与学生们的沟通交流

  D. 没有增加与学生们的沟通交流

14. 互动教学帮助您发现学生英语学习的薄弱点了吗？

  A. 极大的帮助　　　B. 有一定帮助　　　C. 不太确定

15. 互动教学对学生英语成绩的提高有什么影响？

  A. 帮助学生提高成绩

  B. 不太确定

  C. 对考试成绩无太大影响

16. 您认为部分学生不积极参与课堂教学互动的原因是什么？（可多选）

  A. 互动内容不适合学生的英语能力

B. 学生英语水平有限，无法自如地表达

C. 学生害怕犯错被嘲笑

D. 学生对互动活动不感兴趣

17. 您认为高校英语开展互动教学最大的困难是什么？（可多选）

    A. 学生学习英语的兴趣不高

    B. 互动教学的设计材料来源有限，耗时

    C. 大班课堂人数过多，很难推进或完成互动任务

    D. 教师相关知识不足

    E. 学生的负面心理负担较重（如紧张/害怕/胆怯）

18. 在课堂中，如果互动效果不佳时，您会采取什么措施提高课堂互动的有效性？（可多选）

    A. 调整活动设计　　　　　　B. 增加积极反馈，丰富课堂互动

    C. 调整课堂组织形式　　　　D. 调整评价方法，增加激励手段

参考文献

[1] 石砾. 互联网时代高职英语教学创新研究 [J]. 吕梁教育学院学报, 2022, 39 (03): 161—163.

[2] 徐潇. 探究任务教学法在高职英语口语教学中的运用 [J]. 新课程研究, 2022 (33): 56—58.

[3] 王秀芳, 蔡其伦. 多维互动教学模式在高职英语教学中的应用研究 [J]. 辽宁科技学院学报, 2022, 24 (06): 68—70.

[4] 李婕. 互联网+视角下的高职英语词汇教学路径探析 [J]. 湖北开放职业学院学报, 2023, 36 (11): 188—189+192.

[5] 赵美, 郭栋梁. 混合式教学的内涵、模式、价值诉求及优化路向 [J]. 教学研究, 2022 (3): 69—74.

[6] 杨浩. 高职院校混合式教学质量评价指标体系构建与应用实践 [J]. 中国职业技术教育, 2019 (11): 69—75.

[7] 绍华. 高职院校混合式教学: 内涵重构、模式创新与多维评价 [J]. 高等职业教育探索, 2021 (4): 55—59.

[8] 侯梁燕, 田莉. 解构与重构: 混合式教学中的过程性评价再认识 [J]. 上海教育评估研究, 2021 (5): 45—50.

[9] 杜新安. 高职生职业基本素养评价体系的建构 [J]. 教育与职业, 2011 (6).

[10] 陈跃华. 两型社会高技能人才职业素养的内涵及培养对策研究 [J]. 成人教育, 2013 (4).

[11] 韩凤英. 高职院校课程评价指标构建 [J]. 廊坊师范学院学报（社会

科学版），2013（4）.

［12］董鹏，王珏. 基于数字化视频课例的课堂教学诊断实践研究［J］. 上海教育科研，2016（6）：15—18.

［13］尹达. 论现代课堂教学诊断运行机制选择［J］. 中小学教师培训，2015（12）：41—44.

［14］尹达，李焕霞. 论现代课堂教学诊断体系运行质态选择［J］. 教学研究，2016（3）：25—29.

［15］许颖. 高职英语教学质量的影响因素及增效策略［J］. 吉林广播电视高职学报，2023（03）：1—3.

［16］郑露秋. 认知心理学视角下的高职英语词汇教学实践研究［J］. 江西电力职业技术学院学报，2023，36（03）：55—57.

［17］谭凌樱."三进一融"育人模式下的高职英语教学改革理论探究［J］. 鄂州高职学报，2023，30（02）：32—34. DOI：10. 16732/j. cnki. jeu. 2023. 02. 010.

［18］杨玉茹. 互联网背景下高职英语线上线下混合教学探究［J］. 哈尔滨职业技术学院学报，2023（02）：152—155. DOI：10. 16145/j. cnki. cn23—1531/z. 2023. 02. 044.

［19］蒙岚. 混合式教学模式下大学英语课程思政路径［J］. 社会科学家，2020（12）：136—141.

［20］教育部关于印发《高等学校课程思政建设指导纲要》的通知［EB/OL］.［2021—12—20］. http：//www. moe. gov. cn/srcsite/A08/s7056/202006/t20200603_462437. html.

［21］邓雅倩，李碧慧."课程思政"视域下大学英语混合式项目教学模式探究［J］. 佳木斯学院学报，2023（1）：136—138.

［22］岳曼曼，刘正光. 混合式教学契合外语课程思政：理念与路径［J］. 外语教学，2020（11）：15—18.

［23］张帆. 课程思政在大学英语教学中的融入路径［J］. 中国冶金教育，2022（6）：65—67.

［24］孟高旺，杨琳琳. 大学英语课程思政教学的原则与提升路径［J］. 淮北师范大学学报（哲学社会科学版），2022（12）：98—100.

［25］王菲，王亚飞. 课程思政教学评价机制的基本原则与实践探索［J］.

衡水学院学报，2023（2）：46—50.

[26] 韩祥祚，王筱淳. 互联网背景下远程教育中数字教材建设研究［J］. 辽宁高职学报，2024（1）：82—85.

[27] 刘学智，曲锐，曹伟. 新时代高质量数字化教材建设的价值意蕴、基本逻辑和实践路径［J］. 现代教育管理，20（2）：75—83.

[28] 陈淑清，张鑫瑶. 数字化教材质量评价指标体系构建的必要性、依据及基本原则［J］. 吉林省教育学院学报，2023（12）：65—68.

[29] 成亚敏. 跨文化交际在高职英语教学中的有效渗透［J］. 湖北开放职业学院学报，2022，35（18）：191—193.

[30] 孙凌燕. 新媒体时代高职英语教育教学创新发展路径探索［J］. 高教学刊，2022，8（33）：114—117. DOI：10.19980/j.CN23—1593/G4.2022.33.028.